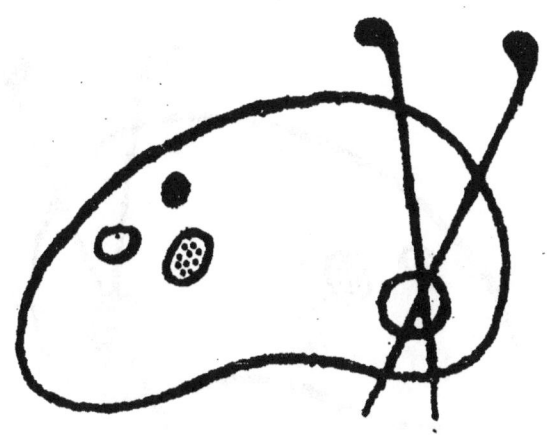

Début d'une série de documents
en couleur

UVERTURES SUPERIEURE ET INFERIEURE D'IMPRIMEUR

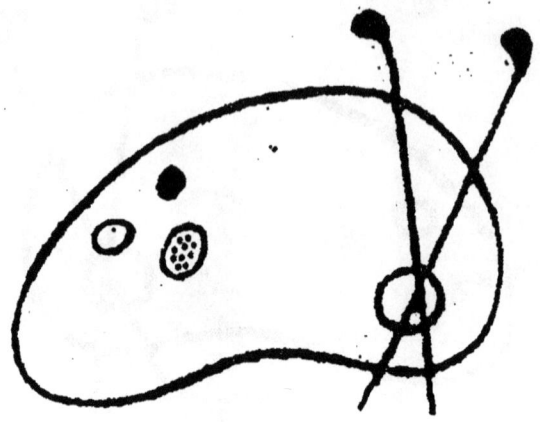

Fin d'une série de documents
en couleur

POLIKOUCHKA

DU MÊME AUTEUR :

KATIA. Traduction de M. le comte d'Hauterive. 6ᵉ édition, 1 volume in-18. Prix............ 3 fr.

A LA RECHERCHE DU BONHEUR. Traduit avec l'autorisation de l'auteur et précédé d'une préface par E. Halpérine, 5ᵉ édition, 1 volume in-18. Prix....................................... 3 fr.

LA MORT. Traduit avec l'autorisation de l'auteur et précédé d'une préface par E. Halpérine, 4ᵉ édition, 1 vol. in-18. Prix...................... 3 fr.

DEUX GÉNÉRATIONS. Traduit avec l'autorisation de l'auteur par E. Halpérine, 2ᵉ édition, 1 vol. in-18. Prix..................................... 3 fr.

COMTE LÉON TOLSTOÏ

POLIKOUCHKA

TRADUIT

AVEC L'AUTORISATION DE L'AUTEUR

PAR

E. HALPÉRINE

CINQUIÈME ÉDITION

PARIS

LIBRAIRIE ACADÉMIQUE DIDIER

PERRIN ET Cie, LIBRAIRES-ÉDITEURS

35, QUAI DES GRANDS-AUGUSTINS, 35

1886

Tous droits réservés.

POLIKOUCHKA

I

— Comme il vous plaira, Madame, dit le gérant ; mais c'est triste pour les Doutlov, qui sont tous de braves garçons. Si on ne leur donne point un *dvorovi*[1] pour remplaçant, l'un des trois ne saurait échapper au recrutement. C'est eux que chacun désigne déjà... Du reste, comme il vous plaira.

Et, changeant de position, il mit sa main droite sur sa main gauche, les croisa sur son ventre, inclina la tête de côté, rentra ses lèvres

1. *Dvorovi*, serfs de la maison du seigneur.

minces d'un mouvement d'aspiration, fit les yeux blancs, et se tut, comme un homme visiblement décidé à garder le silence pendant longtemps, et à écouter sans contradiction tous les bavardages par lesquels la *barinia* [1] allait lui répondre.

C'était un gérant, dvorovi d'origine, bien rasé, avec une longue redingote, coupée comme le sont les redingotes de gérant. Devant la barinia, par une soirée d'automne, il se tenait debout pour le rapport.

Le rapport, pour la barinia, c'était d'écouter le compte rendu des affaires en cours, et de donner ses ordres pour l'avenir. Au contraire, pour le gérant Egor Mikhaïlovitch, qui n'y voyait qu'une simple formalité, le rapport, c'était de rester debout sur ses deux pieds, d'é-

---

1. *Barinia*, féminin de barine, seigneur.

querre, dans un coin, le visage tourné vers le divan, d'essuyer un verbiage sans queue ni tête, et d'amener, par tous les moyens, la barinia à répondre : Amen ! à tout ce qu'on lui proposait.

Ce jour-là, il s'agissait du recrutement. Le domaine devait trois hommes. Deux étaient désignés d'emblée, par la force des choses, par la réunion de certaines conditions de famille à la fois morales et économiques ; pour ceux-là, il n'y avait plus à hésiter ni à discuter : le mir[1], la barinia et l'opinion publique étaient d'accord sur ce point. C'était le troisième qui faisait l'objet de la discussion. Le gérant ne voulait pas qu'on touchât à aucun des trois Doutlov ; il eût préféré qu'on prît à la place le dvorovi chef de famille, Polikouchka,

1. *Mir*, Association des chefs de famille d'une commune rurale.

un garnement mal famé, surpris trois fois volant des sacs, des guides et du foin; tandis que la barinia, qui caressait les enfants en haillons de Polikouchka, et, par ses exhortations évangéliques, essayait de l'amender, la barinia ne voulait pas l'abandonner au recrutement. — Elle ne voulait pas non plus de mal aux Doutlov, qu'elle ne connaissait nullement, qu'elle n'avait jamais vus. D'ailleurs, on ne sait pourquoi elle ne pouvait comprendre, et pourquoi le gérant n'osait lui expliquer nettement, que si Polikouchka ne partait pas, c'était à l'un des Doutlov de partir.

— Mais je ne veux pas leur malheur, à ces Doutlov, disait-elle avec émotion.

« Si vous ne le voulez pas, versez trois cents roubles pour un remplaçant ! »

Voilà ce qu'il eût fallu lui répondre. Mais le gérant était trop roué pour cela.

Donc Egor Mikhaïlovitch se campa bien commodément, il s'appuya même quelque peu contre le mur, tout en gardant sur son visage une expression soumise, et se mit à regarder les lèvres de la barinia remuer, et l'ombre des ruches de son bonnet trembler sur le mur, au dessous d'un tableau. Il ne trouvait nullement nécessaire de prêter quelque attention à ce que disait la barinia : elle parlait trop et trop longtemps. Il se sentait là, derrière les oreilles, une envie convulsive de bâiller, envie qu'il convertit adroitement en toux, en mettant sa main devant sa bouche et faisant : hem ! hem !

Jadis j'ai vu lord Palmerston assis, le chapeau sur la tête, pendant qu'un membre de l'opposition fulminait contre le ministère : il se leva tout à coup, et, dans un discours de trois heures, il répondit sur tous les points à son adversaire. Je l'ai vu, et n'ai pas été surpris : car j'avais vu déjà quelque chose de pareil se passer mille fois entre Egor Mikhaïlovitch et la barinia.

Craignait-il de s'endormir ? La faconde de la barinia lui semblait-elle intarissable ? — Il changea de posture, fit porter le poids de son corps du pied gauche sur le pied droit ; puis il préluda, suivant son usage, par une formule sacramentelle.

— Comme il vous plaira, Madame. Seulement... seulement, le mir est réuni maintenant devant mon bureau, et il faut en finir. Il est dit dans l'ordonnance que les recrues doivent être rendues dans la ville avant la fête de Pokrov ; et, parmi tous les paysans, on désigne les Doutlov ; il n'y a pas d'ailleurs d'autres choix. Vos intérêts importent peu au mir : peu lui importe que nous ruinions les Doutlov...

Je sais combien ils ont eu de la peine. Depuis que je tiens les registres, ils ont toujours été dans la misère. Et voilà que le vieillard, qui a maintenant pour soutien le cadet de ses neveux, voilà qu'il faut le ruiner de nouveau... Moi, vous daignerez le reconnaître, j'ai grandement à cœur vos intérêts... C'est pitié, Madame, mais comme il vous plaira. Ils ne me sont rien, ni beau-père, ni frères, et je n'ai rien reçu d'eux...

— Mais je n'y songeais même pas, Egor, interrompit la barinia.

Et la pensée lui vint aussitôt qu'il était acheté par les Doutlov.

—... Seulement, c'est la meilleure famille de tout Pokrovsky. Ils craignent Dieu, ce sont des moujiks laborieux; le vieux a été pendant trente ans le staroste de l'église, il ne boit pas de vin, ne jure jamais et fréquente l'église (le gérant savait par où la prendre). Mais voici le point principal que j'ai l'honneur de vous soumettre : il n'a que deux fils, les autres ne sont que ses neveux. C'est eux que le mir désigne ; mais, pour être juste, il faudrait tirer au sort parmi tous les dvoïniki [1]. Combien de troïniki se sont séparés ! Ils ont bien fait, puisque les Doutlov, restés unis, ont maintenant à souffrir pour leur honnêteté.

La barinia n'y comprenait déjà plus rien. Elle ne s'expliquait pas ce « tirage au sort » et cette « honnêteté ». C'étaient des sons qu'elle percevait, rien que des sons. Et, sur la redingote du gérant, elle examinait les boutons de nankin : les boutons supérieurs, il devait les

---

1. Dvoïniki, troïniki, littéralement doubles, triples ; dans les familles qui comptent deux, trois fils, les deux frères sont des dvoïniki, les trois frères des troïniki. Dans le premier cas, chacun des frères est un dvoïnik ; dans le second cas, chacun des frères est un troïnik.

boutonner rarement ; aussi étaient-ils encore solides, tandis que le bouton du milieu, fatigué tout à fait, tenait à peine : voilà longtemps qu'on aurait dû le recoudre.

Mais, comme chacun sait, dans une conversation, surtout dans une conversation d'affaires, il n'est pas besoin de saisir ce qu'on vous dit, pourvu qu'on ne perde pas de vue ce qu'on a à dire soi-même. C'est ce que faisait la barinia.

— Comment ne veux-tu pas comprendre, Egor Mikhaïlovitch ? dit-elle ; mais je ne désire pas du tout que les Doutlov soient désignés. Tu me connais assez, il me semble ; tu sais que je fais mon possible pour venir en aide à mes paysans, et que je ne veux pas leur malheur. Tu sais que je suis prête à tout sacrifier pour échapper à cette triste nécessité, et ne laisser partir ni Doutlov ni Polikouchka.

(Je ne sais s'il lui vint à l'esprit que, pour échapper à cette triste nécessité, elle avait à sacrifier, non pas tout, mais seulement une somme de trois cents roubles : en tout cas, cette pensée aurait pu lui venir aisément.)

... Je ne te dirai qu'une chose, c'est que Polikey [1], je ne le donnerai pour rien au monde. Lorsque, après cette affaire de pendule, il m'avoua lui-même sa faute, en pleurant, en jurant de se corriger, j'eus avec lui un long entretien ; je vis qu'il était touché, et que son repentir était sincère...

« Voilà qu'elle recommence », pensait Egor Mikhaïlovitch. Et il se mit à examiner la confiture que la barinia avait mise dans son verre d'eau. « Est-ce de l'orange ? est-ce du citron ? Ce doit être de *l'amer*, » pensait-il.

1. C'est le même nom que Polikouchka, qui en est le diminutif.

... Il y a déjà sept mois de cela, continuait la barinia, et il se conduit très bien, et il n'a pas été ivre une seule fois; sa femme m'a dit qu'il était devenu tout à fait un autre homme. Comment veux-tu que je le punisse maintenant qu'il s'est corrigé ? Et puis ne serait-il pas inhumain de faire partir un homme chargé de cinq enfants et qui n'a que ses bras ? Non, il vaut mieux que tu ne m'en parles même pas, Egor.

Et la barinia avala une gorgée d'eau.

Egor Mikhaïlovitch suivit des yeux le passage de l'eau à travers le gosier, puis il articula d'un ton bref et sec :

— C'est donc Doutlov que vous désignez ?

Alors la barinia joignit ses mains avec désespoir.

— Comment ne peux-tu pas me comprendre ? Est-ce que je veux du mal aux Doutlov ? Est-ce que j'ai quelque chose contre eux ? Dieu m'est témoin que je suis prête à faire tout pour eux...

Elle jeta les yeux sur le tableau qui était dans le coin, mais se rappela que ce n'était pas Dieu : « Eh bien, cela ne fait rien ; ce n'est pas là l'important ! » Et, chose étrange, la pensée des trois cents roubles ne lui vint toujours point.

... Eh bien ! que dois-je faire ? poursuivit-elle. Sais-je donc comment et quoi ? Je ne puis le savoir. Eh bien ! Je m'en remets à toi. Tu sais ce que je veux. Fais en sorte que tous soient contents, conformément à la justice... Eh bien ! Que faire ? Ce n'est pas aux Doutlov seuls que cela arrive ; tout le monde a des moments pénibles... Mais je ne peux pas laisser partir Polikey. Tu dois comprendre que ce serait quelque chose de monstrueux de ma part.

Elle aurait parlé encore plus longtemps, tant elle était lancée; mais en ce moment la bonne entra dans la chambre :

— Que veux-tu, Douniacha ?

— Un moujik est venu pour demander à Egor Mikhaïlovitch si la skhodka [1] doit attendre encore, dit Douniacha en jetant un regard de colère sur Egor Mikhaïlovitch.

« Qu'est-ce donc que ce gérant ? pensait-elle ; il a bouleversé ma barinia... maintenant elle ne va pas me laisser dormir jusqu'à deux heures du matin. »

— Va donc, Egor, dit la barinia, et fais pour le mieux.

— A vos ordres... (Il ne dit plus rien des Doutlov...) Et qui ordonnez-vous qu'on envoie, pour aller chercher l'argent chez le jardinier ?

1. *Skhodka,* assemblée du *mir.*

— Est-ce que Petroucha n'est pas encore revenu de la ville?

— Pas encore.

— Et Nicolas, ne peut-il pas y aller?

— Mon père est malade, répondit Dounia-cha.

— M'ordonnez-vous à moi-même d'y aller demain? demanda le gérant.

— Non, tu manquerais ici, Egor.

La barinia resta songeuse :

— Combien d'argent? reprit-elle.

— Quatre cent soixante-deux roubles.

— Envoie Polikey, dit la barinia en regardant d'un air décidé Egor Mikhaïlovitch.

Celui-ci, sans desserrer les dents, avança ses lèvres comme pour sourire, mais il ne sourcilla pas :

— A vos ordres.

— Envoie-le moi.

— A vos ordres.

Et Egor Mikhaïlovitch s'en alla vers son bureau.

II

Polikey, comme un pauvre homme humble et sordide, appartenant de plus à un autre village, n'avait trouvé d'appui ni auprès du sommelier, ni auprès du maître d'hôtel, ni auprès du gérant, ni auprès de la bonne. Le *coin* qu'il occupait était des plus étroits, bien qu'ils vécussent là sept : lui, sa femme et cinq enfants.

Les *coins* avaient été aménagés par le barine défunt de la manière suivante :

Dans une isba en pierre de dix archines, se trouvait un grand poêle russe ; tout autour régnait un *collidor*, comme l'appelaient les dvorovi, sur lequel donnaient les *coins*, séparés les uns des autres par des cloisons. De sorte qu'il n'y avait pas beaucoup de place, surtout dans le coin de Polikey, lequel se trouvait le dernier près de la porte.

Le lit conjugal, avec sa couverture piquée et ses oreillers de coton, un berceau avec un enfant, une table à trois pieds, sur laquelle on faisait la cuisine, on lavait, on rangeait les ustensiles de ménage : Polikey lui-même y travaillait.

Il était vétérinaire. De petits tonneaux, des habits, des poules, un veau remplissaient le *coin* avec eux sept, et l'on n'eût pu même s'y remuer, si le quatrième côté n'eût été représenté par le poêle, où se posaient les effets et les gens, et si, en outre, on n'eût pu sortir sur le perron. C'eût été peut-être chose difficile, car en octobre il fait froid, et ils n'avaient qu'un seul touloupe[1] pour tous les sept ; mais, en revanche, les enfants pouvaient se chauffer en courant, et les grands en travaillant, et aussi, les uns et les autres, en montant sur le poêle, qui dégageait jusqu'à 40 degrés de chaleur. Il semble terrible de vivre dans de pareilles conditions ; mais eux y étaient faits.

Akoulina lavait, nettoyait, cousait son linge, tissait et blanchissait sa toile, cuisinait dans le poêle commun, se prenait de bec avec ses voisines et adorait les commérages.

Ce que le ménage touchait par mois suffisait non seulement à l'entretien des enfants, mais encore à la nourriture de la vache. Ils avaient des denrées tant qu'ils voulaient, avec du fourrage et du foin qu'ils pouvaient pren-

---

1. Fourrure en peau de mouton.

dre à l'écurie ; ils possédaient aussi un carré de légumes. La vache avait donné un veau, et ils avaient des poules.

Polikey, attaché à l'écurie, avait deux poulains à soigner ; il saignait le bétail et les chevaux, leur nettoyait les sabots, et préparait des baumes de son invention : pour cela, on le payait en argent et en nature. Il avait une part de l'avoine des maîtres ; un petit moujik du village, en échange de deux mesures de cette avoine, lui donnait régulièrement, tous les mois, vingt livres de mouton.

On aurait bien vécu s'il n'y avait eu dans la famille un chagrin. Polikey, dans sa jeunesse, avait été attaché à un haras. L'écuyer qui l'occupait s'était fait connaître partout comme un voleur émérite ; on finit par le déporter. Ce fut chez lui que Polikey fit son apprentissage ; il y prit tellement l'habitude de ces « peccadilles » que, par la suite, malgré tous ses efforts, il ne put s'en défaire.

C'était un homme encore jeune, faible, sans père ni mère, ni personne qui pût le corriger. Il buvait volontiers un coup, et n'aimait pas que rien trainât [1]. Que ce fût une selle, une serrure, une corde, une cheville ou quelque chose de plus précieux, à tout Polikey trouvait une place chez lui. Il ne manquait pas de gens pour accepter tous ces menus objets contre du vin ou de l'argent, à l'amiable.

Ce gain-là est le plus aisé, comme dit le peuple. Là, rien à apprendre, pas la moindre peine; qui en tâte une fois ne veut plus faire autre chose. Il n'y a qu'un inconvénient : tu as tout à bon marché et sans fatigue, ta vie est des plus agréables, mais voici qu'un beau jour

---

1. Allusion au proverbe russe : *Un voleur n'aime pas les choses qui traînent;* c'est-à-dire qu'il fait main basse dessus.

les méchants te font tout payer d'un seul coup, et tu n'as plus alors aucun plaisir à vivre.

C'est ce qui arriva à Polikey.

Il s'était marié, et Dieu lui avait envoyé le bonheur. Sa femme, la fille de celui qui gardait le bétail, se trouva être une femme forte, entendue, travailleuse ; et elle lui donnait des enfants plus beaux et meilleurs les uns que les autres. Polikey ne renonçait pourtant pas à son « métier ».

Tout allait bien, lorsqu'il lui arriva un accident : il fut pris sur le fait. Et c'était pour une vétille, pour rien : il avait tout simplement caché des guides en cuir, des guides de moujik ! Il fut pris, battu, dénoncé à la barinia ; puis on se mit à le surveiller. Une seconde, une troisième fois, on le surprit : et le peuple de l'injurier, le gérant de le menacer du recrutement, la barinia de le réprimander, sa femme de pleurer : tout un remue-ménage !

C'était un bon garçon, sans énergie, aimant à boire. Il arrivait que sa femme le grondait, qu'elle le battait même, lorsqu'il rentrait ivre. Et lui pleurait.

— Malheureux que je suis ! Que faire ? Que mes yeux éclatent ! Je ne le ferai plus !

Puis un mois se passait, et de nouveau il quittait la maison pour aller boire, s'enivrait et restait deux jours dehors :

— Mais il doit en prendre quelque part, de l'argent, pour boire ! disait-on dans le village.

Sa dernière affaire avait été le vol d'une pendule. Elle était accrochée au mur dans le bureau du gérant ; une vieille pendule, qui ne marchait plus depuis longtemps. Polikey, étant un jour entré seul dans le bureau, la trouva à son goût : il l'emporta et la vendit à la ville.

Comme par un fait exprès, il se trouva que le boutiquier auquel il l'avait vendue était parent d'une dvorovi; il vint à la fête du village et parla de la pendule. On fit une enquête, comme si la chose eût présenté de l'importance. Grâce au gérant, qui n'aimait pas Polikey, la vérité se découvrit, et un rapport fut adressé à la barinia.

Elle fit venir Polikey : lui se jeta aussitôt à ses pieds, et là, très ému, très contrit, il avoua tout, suivant le conseil que sa femme lui en avait donné. Il fit comme elle le lui avait dit, et la barinia lui fit entendre le langage de la raison, elle lui parla copieusement de Dieu, de la vertu, de la vie future, de sa femme et de ses enfants, et lui arracha des larmes. Enfin elle lui dit :

— Je te pardonne, mais promets-moi que cela ne t'arrivera jamais plus.

— Pendant ma vie entière, je ne le ferai plus jamais ! Que je m'engloutisse sous terre ! que mon ventre éclate ! disait Polikey en pleurant à chaudes larmes.

Polikey rentra chez lui. Tout le jour il pleura comme un veau et demeura étendu sur le poêle.

Depuis, on n'avait plus rien à lui reprocher. Seulement sa vie était devenue triste; le peuple continuait à le regarder comme un voleur; et quand vint l'époque du recrutement, tous le désignèrent.

Polikey était vetérinaire, comme nous l'avons déjà dit. Comment il l'était devenu tout à coup, personne ne le savait, et lui moins que personne.

Au haras, auprès de l'écuyer qu'on avait

déporté depuis, il avait pour unique office de nettoyer le crottin. Quelquefois, il étrillait les chevaux et apportait de l'eau. Ce n'était certes pas là qu'il avait pu rien apprendre.

Il fut ensuite tisseur, puis travailla dans les jardins à sarcler et ratisser les allées, puis, en punition de ses méfaits, cassa des cailloux et finit par se louer comme dvornik[1] chez un marchand. Ce n'est pas non plus là qu'il avait pu apprendre la pratique de son métier.

Néanmoins, dans ces derniers temps, depuis qu'il était chez lui, il s'était acquis peu à peu une réputation d'habileté extraordinaire et même quelque peu surnaturelle dans l'art du vétérinaire. Il saignait une fois, deux fois ; puis il renversait le cheval, pratiquait je ne sais quoi dans la cuisse, le faisait mettre aux

---

1. Concierge.

entraves, lui coupait le jarret jusqu'au sang, malgré ses ruades et ses hennissements; il prétendait que ces démonstrations de la bête signifiaient : « Laissez sortir le sang au-dessus de mon sabot. » Il expliquait ensuite au moujik la nécessité de tirer du sang des veines « en vue d'une plus grande légèreté », et se mettait en conséquence à frapper le cheval d'une lancette ébréchée. Puis, ayant noué le châle de sa femme autour du ventre du cheval, il brûlait à la pierre infernale ou humectait du contenu d'un flacon toutes les plaies, et quelquefois faisait ingurgiter à l'animal tout ce qui lui passait par la tête. Et plus il tuait de chevaux, plus on croyait en lui, et plus on lui en amenait.

Je sens bien que nous autres, mes maîtres, nous aurions mauvaise grâce à nous moquer de Polikey. Les moyens qu'il employait pour inspirer la confiance ne sont-ils pas les mêmes qui ont agi sur nos pères, sur nous, et qui agiront sur nos enfants ? Le moujik qui donne de la tête dans le ventre de son unique cheval, lequel non seulement compose toute sa richesse, mais encore fait comme partie de sa famille, ce moujik, lorsqu'il jette ses regards pleins de terreur et de confiance sur le visage singulièrement renfrogné de Polikey, sur ses bras minces, aux manches retroussées, dont il presse juste l'endroit malade, et taille hardiment dans la chair vive, dans la pensée « qu'il doit en sortir quelque chose », avec un air de savoir où est le sang, où est le pus, où est la veine *sèche* et la veine *mouillée*, lorsqu'il le voit serrer entre ses dents un flacon de solution de pierre infernale ou une compresse salutaire, comment s'imaginerait-il, l'honnête moujik, que Polikey puisse lever la main pour couper au hasard et sans savoir? Lui n'oserait agir ainsi ; et une fois que c'est coupé, il ne se reprochera pas d'avoir laissé couper.

Je ne sais comment, vous et moi, nous supportons précisément la même chose, avec un docteur qui torture, sur notre demande, des êtres qui nous sont chers. La lancette ébréchée, et le magique flacon de sublimé corrosif, et les mots « *Tchiltchak* », « *Potchechoui*[1] », « *faire couler le sang, le pus, etc...* », n'est-ce point la même chose que les mots « *nerfs, rhumatismes, organisme?* » « Wage du zu irren und zu traumen[2]. » Cela s'applique bien moins aux poètes qu'aux médecins et aux vétérinaires.

1. Mots dénués de sens,
2. *Ose errer et rêver* (vers de Schiller), (Note du traducteur.)

III

Ce soir-là, à l'heure où le mir, assemblé pour désigner les recrues, s'agitait bruyamment devant le bureau, dans la froide obscurité d'une nuit d'octobre, — Polikey était assis au pied du lit, près de la table, occupé à mixtionner à l'aveuglette quelque drogue avec une bouteille en guise de pilon ; il y avait là dedans du sublimé corrosif, du soufre, du sel anglais, plus une certaine herbe qu'il avait ramassée, la prenant pour un spécifique contre la pleurésie, et qu'il jugeait non moins efficace contre les autres maladies du cheval.

Les enfants étaient déjà couchés : deux sur

le poêle, deux sur le lit et un dans le berceau, auprès duquel se tenait Akoulina avec son rouet. Un bout de chandelle, que Polikey avait trouvé traînant quelque part et qu'il avait recueilli chez lui dans un chandelier en bois, brûlait sur l'appui de la fenêtre ; de temps en temps, pour que son mari ne se dérangeât pas de son importante occupation, Akoulina se levait pour moucher la mèche.

Quelques-uns, des esprits forts, considéraient Polikey comme un vétérinaire ignorant, comme un homme nul ; d'autres, c'était le plus grand nombre, voyaient en lui un mauvais garçon, mais un spécialiste habile dans sa partie : pour Akoulina, au contraire, quoiqu'elle l'injuriât et allât même souvent jusqu'à le battre, son mari était le meilleur vétérinaire et le premier personnage du monde.

Polikey jeta dans sa mixtion une poignée

d'un ingrédient quelconque (il n'employait pas de balance, et il parlait avec une dédaigneuse ironie des Allemands qui s'en servent : « C'est bon, disait-il, pour des pharmaciens »). Il soupesa et fit sauter cet ingrédient dans sa main ; la dose lui parut insuffisante, et il en ajouta dix fois plus.

— Je mettrai le tout, ça n'en vaudra que mieux, dit-il en se parlant à lui-même.

A la voix de son seigneur et maître, Akoulina se retourna vivement, attendant ses ordres ; mais, s'apercevant qu'il ne s'adressait pas à elle, elle murmura, en faisant un geste d'admiration :

— Quelle habileté ! Où prend-il cela ?

Et elle se remit à son rouet.

Le papier qui avait enveloppé l'ingrédient était tombé sous la table. Akoulina s'en aperçut :

— Anioutka, s'écria-t-elle, tu vois ce que le père a laissé tomber; ramasse-le.

Anioutka sortit ses mignons petits pieds nus de la capote qui la couvrait, se faufila comme une petite chatte sous la table et ramassa le papier.

— Tiens, petit père! dit-elle.

Et elle se glissa de nouveau dans son lit, les pieds refroidis.

— *Pourtoi* tu me pousses? glapit sa sœur cadette de sa voix endormie.

— Chut! gronda la mère.

Et les deux têtes se blottirent sous la capote.

— Il en donnera trois roubles, dit Polikey en bouchant la bouteille. Ne vais-je pas guérir son cheval? Et c'est encore bon marché : on se casserait la tête avant de pouvoir en faire autant... Akoulina, va donc demander un peu de tabac à Nikita ; je le lui rendrai demain.

Et Polikey tira de son pantalon un tuyau de pipe en bois de tilleul peint, avec un bout en cire d'Espagne, et l'adapta au fourneau.

Akoulina laissa là son rouet et sortit sans se cogner nulle part, ce qui était un joli tour de force. Quant à Polikey, il ouvrit le buffet, y renferma la bouteille, et prit un litre qu'il porta à sa bouche ; il était vide : pas de vodka[1]. Il fit la grimace ; mais lorsque, sa femme ayant apporté du tabac, il eut bourré sa pipe et se fut mis à fumer sur le lit, son visage s'éclaircit, reflétant le contentement et la fierté d'un homme qui vient de finir son travail de la journée. Pensait-il à la manière dont il saisirait le lendemain la langue du cheval pour lui verser dans la bouche cette mix-

---

1. *Vodka*, eau-de-vie.

tion mirifique? Songeait-il qu'à un homme dont on a besoin on ne refuse rien, et que voilà Nikita qui lui envoyait du tabac? Il se sentait bien.

Tout à coup la porte, qui était suspendue sur un seul gond, s'ouvrit, et dans le *coin* entra la fille *d'en haut,* non pas la seconde, mais la troisième, une petite fille qu'on chargeait de faire les courses. — *En haut,* comme chacun sait, cela veut dire la maison du seigneur, même quand elle se trouve en bas.

Aksioutka, c'était le nom de cette fille, allait toujours avec la vitesse d'un boulet de canon, et, pendant sa course, ses bras, au lieu de se ployer, se balançaient, comme deux balanciers au fur et à mesure de ses mouvements, non de côté, mais devant elle. Ses joues étaient toujours plus rouges que son costume rose, et sa langue n'était pas moins agile que ses pieds.

• Elle se précipita dans la chambre et, s'appuyant au poêle, je ne sais pourquoi elle se balança sur ses pieds. Aussitôt, comme résolue à ne dire à la fois pas plus de deux ou trois mots, elle prononça en suffoquant les paroles suivantes :

— La barinia donne l'ordre à Polikey Iliitch de se rendre sur-le-champ en haut ; elle a ordonné... (elle s'arrêta, et respira avec effort). Egor Mikhaïlovitch était chez la barinia, on parlait de recrues, on nommait Polikey Iliitch. La barinia Avdotia Mikhaïlovna a ordonné de venir tout de suite. Avdotia Mikhaïlovna a ordonné (encore un soupir)... de venir tout de suite.

Aksioutka regarda un demi-instant Polikey, Akoulina et les enfants qui avaient sorti leur tête de dessous la capote ; puis elle saisit un brou de noix qui traînait sur le poêle et le jeta sur Anioutka ; et, après avoir répété encore une fois : « Il faut venir tout de suite », elle s'élança comme un tourbillon hors de la chambre, et ses balanciers se mirent en branle avec leur vitesse accoutumée.

Akoulina se leva de nouveau et donna à son mari ses bottes de soldat, déchirées, en mauvais état. Elle prit le caftan sur le poêle et le lui tendit sans le regarder.

— Polikey, veux-tu changer de chemise ?
— Non, répondit-il.

Pendant tout le temps qu'il mit à s'habiller, Akoulina ne leva pas une seule fois ses regards vers Polikey, et bien lui en prit. Le visage de Polikey était devenu pâle ; sa mâchoire inférieure tremblait, et ses yeux avaient cette expression désolée et résignée à la fois, parti-

culière aux êtres bons, faibles et coupables.
Comme il sortait, après s'être peigné, sa
femme l'arrêta, lui arrangea le bout de la
chemise qui pendait hors du caftan, et lui mit
son bonnet sur la tête.

— Eh quoi! Polikey Iliitch, est-ce la barinia
qui vous mande? cria, de derrière la cloison,
la femme du menuisier.

La femme du menuisier s'était, le matin
même, prise de bec avec Akoulina pour un pot
d'eau de Javelle que lui avaient renversé les
enfants de Polikey, et, sur le moment, il lui
était agréable de voir Polikey appelé chez la
barinia ; ce ne devait pas être pour quelque
chose de bon. De plus, c'était une femme
rusée, politique et mordante à la fois ; personne
n'excellait comme elle à blesser par un mot.
C'est ainsi du moins qu'elle se jugeait elle-
même.

— Sans doute on veut vous envoyer à la ville pour acheter quelque chose, reprit-elle. Moi je pense qu'on aura eu besoin d'un homme sûr, et dès lors c'est vous qu'on aura choisi. Achetez-moi donc un quart de thé, Polikey Iliith !

Akoulina contint ses larmes ; une contraction de haine convulsa ses lèvres. Comme elle eût voulu arracher à poignée les cheveux de cette propre-à-rien, la femme du menuisier ! Mais ses regards tombèrent sur ses enfants ; la pensée lui vint qu'ils allaient peut-être se trouver orphelins, et qu'elle serait, elle, la veuve d'un soldat. Oubliant alors la méchante femme du menuisier, elle cacha son visage dans ses mains, se laissa tomber sur le lit et enfonça sa tête dans les oreillers.

— Petite maman, tu m'écrases ! murmura la

petite fille en tirant la couverture de dessous les coudes de sa mère.

— Oh ! j'aimerais mieux vous voir tous morts ! C'est pour votre malheur que je vous ai mis au monde ! s'écria Akoulina.

Et elle se mit à sangloter tout fort, à la grande joie de la femme du menuisier, qui avait encore sur le cœur la querelle du matin à propos de l'eau de Javelle.

IV

Une demi-heure se passa. L'enfant se mit à crier. Akoulina se leva et lui donna à manger. Elle ne sanglotait plus ; mais, appuyant sur son coude son visage maigre et encore joli, et fixant ses yeux sur la chandelle qui s'usait, elle se demandait pourquoi elle s'était mariée, pourquoi il faut tant de soldats, et songeait au moyen de se venger de la femme du menuisier.

Les pas de son mari se firent entendre. Elle essuya ses larmes et se leva pour le laisser passer. Polikey entra d'un air fier, jeta son bonnet sur le lit, et se mit à son aise.

— Eh bien ! pourquoi t'appelait-on ?

— Hum ! pourquoi ? Est-ce que cela se demande ? — Polikouchka est le dernier des derniers. Mais qu'il surgisse une affaire d'importance, à qui s'adresse-t-on ? A Polikouchka.

— Quelle affaire ?

Polikey ne se pressait pas de répondre. Il alluma sa pipe et cracha. Il dit enfin :

— C'est chez le marchand, pour chercher de l'argent, qu'elle ma ordonné d'aller.

— Pour chercher de l'argent ? demanda Akoulina. Polikey sourit en hochant la tête.

— ... Comme elle parle bien ! « Toi, disait-elle, tu étais noté comme un homme peu sûr, et moi j'ai plus de confiance en toi qu'en d'autres. (Polikey parlait très haut, pour être entendu des voisins...) Tu m'as promis de te corriger, disait-elle : voici la première preuve de la confiance que tu m'inspires. Va, dit-elle, chez le marchand ; prends l'argent et l'apporte. » Et moi j'ai répondu : « Nous, Madame, nous sommes tous vos esclaves ; nous devons vous servir comme Dieu. Je sens que je suis prêt à tout pour votre service. Je ne refuserai aucune des besognes qu'il vous plaira de m'imposer. Tout ce que vous m'ordonnerez, je l'exécuterai, car je suis votre esclave ». (Il sourit de nouveau, de ce sourire d'un homme faible, bon et coupable.) « Alors, dit-elle, tu t'acquitteras bien de ta mission. Comprends-tu que ton sort en dépend ? » — « Comment ne le comprendrais-je pas ? ai-je repondu. Si l'on vous a dit du mal de moi, c'est que personne n'est à l'abri de la calomnie ; pour moi, je n'ai jamais osé concevoir même la pensée d'agir contre vos intérêts. » En un mot, j'ai si bien parlé que ma barinia s'est amollie comme une cire :

« Toi, dit-elle, tu seras mon premier serviteur... »

Un silence. De nouveau le même sourire se fit jour sur le visage de Polikey.

— ... Je sais très bien comment il faut leur parler, reprit-il. Du temps que je payais encore la dîme il s'élevait parfois un dissentiment entre le dîmeur et moi. Je n'avais qu'à lui parler un moment ; et je l'amadouais si bien qu'il devenait souple comme de la soie.

— Est-ce beaucoup d'argent ? demanda tout à coup Akoulina.

— Quinze cents roubles, répondit Polikey d'un air dégagé.

Elle hocha la tête :

— A quand le départ ?

— Demain, a-t-elle ordonné. « Prends, a-t-elle dit, le cheval que tu voudras. Entre au bureau, et puis va en paix. »

— Dieu soit loué ! dit Akoulina en se levant et en faisant le signe de la croix. Que Dieu te vienne en aide, Polikey! ajouta-t-elle à voix basse pour qu'on n'entendît pas derrière la cloison, et en le tenant par la manche de sa chemise... Ecoute-moi, Polikey, je t'en supplie par Notre-Seigneur Jésus, quand tu iras chercher l'argent, jure-moi, en baisant la croix, que tu ne boiras pas une seule goutte !

— Est-ce que je vais boire, avec tant d'argent ? lança-t-il... Comme on a bien joué du piano, sapristi ! ajouta-t-il avec un sourire. C'est une barichnia [1], sans doute. J'étais immobile, debout, devant la barinia, et la barichnia jouait toujours. Comme elle vous enlevait cela ! C'était beau à ravir l'âme !... Je voudrais bien jouer aussi, moi, ma foi. J'y

---

1. Fille de barine.

serais arrivé ; j'y serais certainement arrivé... Ça me connaît, ces choses-là.

Prépare-moi pour demain une chemise propre.

Et ils se couchèrent pleins de joie.

V

Cependant la skhodka discutait bruyamment devant la porte du bureau. C'est qu'il ne s'agissait point d'une plaisanterie. Presque tous les moujiks étaient là. Pendant qu'Egor Mikhaïlovitch conférait avec la barinia, les têtes s'étaient couvertes, les voix étaient devenues plus nombreuses et plus fortes. Une clameur continue, qu'interrompaient de temps à autre des cris enroués, montait dans l'air et arrivait comme le grondement d'une mer tumultueuse jusqu'aux fenêtres de la barinia en proie à une inquiétude nerveuse, assez semblable au sentiment que provoque l'orage : c'était un mélange de peur et de malaise. Il lui semblait que le bruit des voix ne faisait que grossir et se multiplier, et qu'il allait se passer quelque chose.

— Comme si on ne pouvait pas en user tout doucement, en paix, sans discussion, sans cris, pensait-elle, en bons chrétiens, suivant la loi fraternelle!

Plusieurs parlaient à la fois ; mais, plus haut que les autres, criait Fedor Rezoun, le charpentier.

Il faisait partie des dvoïniki, et il tombait sur les Doutlov. Faisant tête à la foule, derrière laquelle il se tenait d'abord et qu'il avait traversée, le vieux Doutlov se défendait. Voulant trop dire à la fois, il s'engouait et, gesticulant des mains, faisant les grands bras, tortillant sa barbiche, il s'embrouillait si souvent, qu'il lui aurait été bien difficile de comprendre lui-même ce qu'il disait.

Ses fils et ses neveux, tous de beaux gars, étaient là, derrière lui, et le vieux Doutlov figurait assez bien la mère poule dans le jeu du milan et des poussins. Le milan, ici, c'était Rezoun, et non seulement Rezoun, mais tous les dvoïniki et aussi les fils uniques, c'est-à-dire presque tout le mir qui se déclarait contre Doutlov.

Voici la chose. Le vieux Doutlov avait eu, trente ans avant, son frère pris comme soldat. Il demandait donc qu'eu égard aux services de son frère, on le fît passer de la catégorie des troïniki dans celle des dvoïniki, et qu'ensuite la troisième recrue fût tirée au sort parmi l'ensemble de ces derniers. Outre les Doutlov, il y avait encore quatre troïniki. Mais l'un était le staroste, exempté par la barinia ; la seconde famille avait déjà donné une recrue au dernier recrutement. Les deux autres avaient été désignés : l'un d'eux n'était même pas venu à l'assemblée, où seule se trouvait sa baba, aux derniers rangs de la foule, triste, espérant vaguement que la fortune allait peut-être tourner la roue de son côté ; tandis que le second des deux moujiks désignés, Roman le Roux, vêtu, quoiqu'il ne fût pas pauvre, d'un caftan déchiré, s'appuyait au perron et, la tête basse, gardait tout le temps le silence : seulement, à de rares intervalles, il examinait avec attention celui qui parlait plus haut que les autres, après quoi il baissait de nouveau la tête. Toute sa physionomie exprimait le malheur.

Le vieux Semen Doutlov était un homme à qui, pour peu qu'on l'eût connu, on eût volontiers confié des centaines et des milliers de roubles. Rangé, pieux, à son aise, et, de plus, staroste d'église, l'emportement qu'il manifestait n'en était que plus surprenant.

Au contraire, le charpentier Rezoun, un garçon de haute taille, noir, turbulent, ivrogne, très habile dans les débats des skhodki comme dans ses marchés avec les ouvriers, les marchands ou les barines, était maintenant calme, mordant, et de toute sa haute stature, de toute la puissance de sa voix grondante, de son talent d'orateur, il pressait le staroste d'église, qui de plus en plus s'enrouait et perdait la tête.

Parmi les autres péroreurs, on remarquait encore un certain Garaska Kopilov, trapu, le visage rond, jeune, avec une tête carrée et une barbiche frisée; moins âgé que Rezoun de quelques années, il parlait toujours d'un ton tranchant, et s'était conquis déjà une assez grande autorité sur les skhodki; puis Fedor Melnitchni, un moujik jeune aussi, maigre, long, jaune, la barbe rare, les yeux petits, toujours bilieux, toujours morose, ne voyant que le mauvais côté des choses, et qui déroutait souvent la skhodka par ses observations inattendues et ses questions pressantes. Ces deux orateurs s'étaient mis du côté de Rezoun.

A la discussion se mêlaient aussi, par instants, deux bavards : l'un avec un visage bonasse et une grande barbe blonde, Krapkov, qui répétait constamment ; « Mon cher ami ; » l'autre, un gringalet, avec une petite figure d'oiseau, Jitkov, qui, lui, disait à tout propos : « Il en résulte par conséquent, mes frères... » et qui adressait à tout le monde indistinctement des homélies fort coulantes, mais sans queue ni tête. Tous deux soutenaient tantôt Doutlov, tantôt Rezoun ; mais personne ne prêtait la moindre attention à ce qu'ils disaient. Il y avait là d'autres moujiks de même acabit;

mais ces deux-là couraient dans la foule, criaient plus fort que tous les autres, et faisaient peur à la barinia. C'étaient les moins écoutés ; mais, grisés par le bruit et les cris, ils se livraient tout entiers au plaisir de faire aller leur langue.

Le mir offrait encore beaucoup d'autres types ; on en voyait de mornes, de décents, d'indifférents et de honteux ; on y voyait aussi des babas avec de petits bâtons, derrière les moujiks : mais de tout ce monde, si Dieu me le permet, je reparlerai une autre fois.

La foule se composait en grande majorité de moujiks qui venaient à la skhodka comme à l'église ; ils s'entretenaient de leurs affaires de ménage, du moment le plus favorable pour aller couper du bois dans la forêt, ou demeuraient silencieux en attendant la fin du tapage.

Là se trouvaient aussi des richards auxquels

la skhodka ne pouvait ni ajouter ni ôter. Tel était Ermil, à la large figure luisante, que les moujiks appelaient le ventru à cause de ses écus. Tel encore Starostine, qui portait sur son visage la conscience de son pouvoir.

— Vous pouvez dire ce que vous voulez, semblait crier tout son être; moi, personne ne touchera à moi. J'ai quatre fils, et pas un ne partira!

Par moments, des frondeurs, comme Kopilov et Rezoun, osaient s'attaquer même à ceux-là; eux répondaient, mais d'un ton tranquille et ferme, avec la conscience de leur inviolabilité.

Si Doutlov rappelait la mère poule dans le jeu du milan et des poussins, ses enfants étaient loin de ressembler à des poussins. Ils ne s'agitaient pas, ne piaillaient pas, et se tenaient paisiblement derrière lui. L'aîné, Ignat, comptait déjà une trentaine d'années; le second, Vassili, marié comme le premier, n'était pas bon pour le service. Le troisième, Iliouchka, le neveu, nouvellement marié, blanc avec des couleurs, vêtu d'un élégant touloupe (il était avant yamchtchik [1]), était là, regardant la foule et se grattant l'occiput sous son chapeau, d'un air indifférent et comme étranger à ce qui se passait, tandis que c'était précisément à lui que le milan en voulait.

— Mon grand-père aussi a été soldat, disait quelqu'un ; et je vais, moi aussi, refuser de tirer au sort !... Non, cette dispense n'est pas admise, mon frère. Au dernier recrutement, on a pris Mikheïtch, et pourtant son oncle était encore sous les drapeaux.

— Toi, tu n'as ni père, ni oncle qui ait servi

1. Cocher, postillon.

le czar, riposta Doutlov. Et toi-même, inutile au seigneur comme au mir, tu n'as jamais fait que boire, et tes enfants ont dû te quitter. Comme on ne peut vivre avec toi, alors tu désignes les autres... Moi, j'ai été dix ans sotski ¹, j'ai été staroste; deux fois l'incendie a dévoré mon avoir, et je n'ai eu recours à personne; et ce que nous possédons dans notre maison, c'est par des moyens pacifiques et honnêtes que nous l'avons gagné. Voudriez-vous me ruiner? Rendez-moi mon frère, mort au service... Mais vous jugerez d'après la justice, comme Dieu l'a dit, mir orthodoxe, et non d'après les dires mensongers d'un ivrogne!

— Tu parles de ton frère, lança Kopilov à Doutlov; mais ce n'est pas le mir qui l'a désigné; c'est pour ses méfaits que les seigneurs

---

1. Préposé à la police.

l'ont enrôlé : ce n'est donc pas une raison que tu puisses invoquer.

Kopilov parlait encore ; le jaune et long Fédor Melnitchni s'avança et dit d'un air morose :

— L'affaire est claire. Les seigneurs enrôlent qui bon leur semble, et c'est ensuite au mir à se débrouiller pour compléter le nombre des recrues. Le mir a désigné ton fils ; si cela te déplaît, va supplier la barinia. Qui sait ? elle fera peut-être partir mon fils unique !... Voilà la loi, ajouta-t-il d'un ton rageur.

Et il laissa retomber sa main d'un geste de mépris.

Roman le Roux, dont le fils était désigné pour partir, leva la tête et dit :

— C'est juste, c'est juste, cela.

Et il s'assit avec dépit sur une marche.

Ils ne parlaient plus tous à la fois, sauf les

moujiks des derniers rangs qui s'entretenaient de leurs affaires. Mais les bavards n'oubliaient pas leur rôle.

— Oui, vraiment, il faut juger en chrétiens, mir orthodoxe, disait le petit Jitkov, en répétant les dernières paroles de Doutlov ; c'est en chrétiens, mes frères, qu'il faut juger.

— Il faut juger en âme et conscience, mon cher ami, disait le bonasse Khrapkov, en tirant Doutlov par son touloupe. C'était la volonté du seigneur, et non point la décision du mir, ajouta-t-il en répétant la phrase de Kopilov.

— Juste ! c'est bien cela ! disaient les autres.

— Quel est-il, cet ivrogne qui ment ? criait Rezoun à Doutlov. Est-ce toi qui m'as payé à boire ? ou bien est-ce ton fils, lui qu'on ramasse dans la rue, qui me reprochera de boire ?... Or donc, frères, si vous voulez épargner Doutlov, c'est alors, non seulement parmi les dvoïniki, mais sans doute aussi parmi les fils uniques qu'il faudra choisir une recrue ; et lui, il se rira de vous.

— C'est Doutlov qui doit être pris ; pourquoi tant de paroles ? C'est certainement parmi les troïniki qu'il faut d'abord tirer au sort ! disaient des voix.

— Il reste à savoir ce que décidera la barinia. Egor Mikhaïlovitch disait qu'on allait donner un dvorovi ! fit une autre voix.

Cette remarque arrêta un moment la discussion ; mais elle reprit bientôt pour s'égarer dans les personnalités.

Ignat, celui que Rezoun avait accusé de se faire ramasser dans la rue, se mit à reprocher à Rezoun d'avoir volé une scie à des charpentiers de passage, et d'avoir failli assommer sa femme.

Rezoun riposte que, de sang-froid comme en

état d'ivresse, il bat en effet sa femme, et jamais assez, ce qui fait rire tout le monde. Quant à la scie, il s'avise tout à coup de voir là une insulte; il s'approche vivement d'Ignat et lui demande :

— Qui a volé ?

— Toi ! C'est toi qui as volé ! répond sans trembler le robuste Ignat, en s'avançant de son côté.

— Non, c'est toi ! criait Rezoun.

Après la scie, c'est un cheval volé ; puis on en vient à parler d'un sac d'avoine, d'un carré de choux et d'un certain cadavre. Et les deux moujiks finissent par se jeter à la tête des accusations si abominables que, s'il y en avait la centième partie de vraie, on devrait aussitôt les envoyer aux mines, ou tout au moins les déporter.

Cependant le vieux Doutlov s'était avisé d'un

autre moyen de défense. Les cris de son fils lui déplaisaient. Il l'interrompit :

— C'est un péché, lui dit-il. Laisse cela. Je te l'ordonne. Et il entreprit de prouver que la qualité de troïniki devait s'appliquer non seulement à trois frères vivant ensemble, mais encore à ceux qui vivent séparés. Et il montrait du geste Starostine.

Starostine sourit légèrement, toussota, se caressa la barbe de l'air d'un riche moujik et dit que telle était la volonté du seigneur, que son fils méritait probablement la dispense dont il bénéficiait.

Quant aux familles où les fils vivent séparés, ce fut Kopilov qui réfuta les raisons de Doutlov. Il remarqua qu'il n'eût pas fallu permettre la séparation, comme c'était encore l'ordre de l'ancien barine, mais qu'il était aujourd'hui trop tard.

« L'été fini, adieu les fraises ! » Il s'agit maintenant de ne pas laisser partir les fils uniques.

— Ce n'est pas pour leur plaisir qu'ils se sont séparés : pourquoi donc à présent les ruiner ? firent plusieurs des intéressés, auxquels se joignirent les bavards.

— Mais toi, tu peux bien t'acheter un remplaçant, si tu veux ; tes moyens te le permettent ! dit Rezoun à Doutlov.

Doutlov croisa son caftan avec désespoir, et rentra dans les rangs des moujiks.

— Tu as probablement compté mon argent, dit-il en colère. Mais attendons Egor Mikhaïlovitch ; il nous fera part de la décision de la barinia.

VI

En effet, Egor Mikhaïlovitch sortait en ce moment de chez la barinia. Les uns après les autres, les paysans ôtèrent leurs bonnets et, à mesure que le gérant s'approchait, toutes les têtes se découvraient, chauves du front et du crâne, blanches ou grises, rousses, noires ou blondes. Et peu à peu les voix s'apaisèrent pour se taire bientôt tout à fait.

Egor Mikhaïlovitch se tint sur le perron et fit signe qu'il voulait parler. Avec sa longue redingote, ses mains négligemment fourrées dans ses poches, sa casquette d'ouvrier rabattue sur les yeux, fièrement campé sur ses pieds écartés, dominant du haut des marches ces têtes tournées vers lui, pour la plupart vieilles et à longues barbes, Egor Mikhaïlovitch avait une tout autre assurance que devant la barinia : il était majestueux.

— Voici, mes enfants, la décision de la barinia ; elle ne veut pas donner de dvorovi ; et celui que vous aurez désigné vous-mêmes, c'est celui-là qui partira... Il nous faut aujourd'hui trois recrues.

— Certes, c'est bien cela ! firent des voix.

— Pour moi, continuait Egor Mikhaïlovitch, c'est à Khoroschine et à Mitioukhine que votre choix doit aller tout d'abord ; ceux-là, c'est Dieu même qui les a désignés.

— C'est juste ! disait-on dans la foule.

— Le troisième doit être ou Doutlov ou quelqu'un des dvoïniki. Qu'en dites-vous ?

— C'est à Doutlov de partir. Les Doutlov sont des troïniki !

Et, petit à petit, les cris recommencèrent ; de nouveau l'on en vint au carré de choux et à quelques autres vilenies.

Egor Mikhaïlovitch gérait depuis vingt ans les biens de la barinia. C'était un homme intelligent et d'expérience. Il resta là, écouta un quart d'heure ; tout à coup il imposa silence à la foule et dit aux Doutlov de tirer au sort entre tous les trois à qui partirait.

Les billets furent préparés : Krapkov les mit dans un chapeau, et en sortit le nom d'Iliouchka [1]. Tous se turent.

— C'est mon nom ? montre-le ! s'écria Ilia, d'une voix entrecoupée.

Chacun gardait le silence. Egor Mikhaïlo-

[1]. Diminutif d'Ilia, Elie.

vitch donna l'ordre d'apporter le lendemain l'argent des recrues, à raison de sept kopeks par famille, et, après avoir déclaré que tout était fini, invita la skhodka à se disperser. Les moujiks s'ébranlèrent, en remettant leurs chapeaux, dans un grand bruit de voix et de pas.

Debout sur le perron, Egor Mikhaïlovitch suivait des yeux ceux qui partaient. Quand les jeunes Doutlov se furent retirés, il appela à lui le vieillard, qui s'était arrêté de lui-même, et tous deux entrèrent dans le bureau.

— J'ai pitié de toi, vieillard, dit Egor Mikhaïlovitch, en s'asseyant sur le fauteuil, près de la table. C'est ton tour. Rachètes-tu, oui ou non, ton neveu ?

Le vieillard, sans répondre, jeta sur Egor un regard significatif.

— Il n'y a pas à tortiller ! dit Egor en réponse à ce regard.

— Eh! je serais bien content de le racheter, mais avec quoi, Egor Mikhaïlovitch? Nous avons perdu deux chevaux cet été. Puis j'ai marié mon neveu... C'est sans doute parce que nous vivons en honnêtes gens que cela nous arrive!... Il en parle à son aise! ajouta-t-il en songeant à Rezoun.

Egor Mikhaïlovitch se passa la main sur le front et bâilla. Il commençait à en avoir assez, et il eût bien voulu prendre son thé.

— Eh! vieux! Cherche dans ta cave, tu vas peut-être y trouver quelques centaines de roubles. Je me charge de t'acheter un bon remplaçant. Hier il y en avait un qui se proposait.

— Dans le chef-lieu? demanda Doutlov. Par le chef-lieu il entendait la ville.

— Eh bien! achètes-tu?

— Oh ! je ne demanderais pas mieux. Mais Dieu le voit...

Egor Mikhaïlovitch l'interrompit d'un air sévère.

— Eh bien ! écoute, alors, vieillard. Qu'Iliouchka ne porte pas les mains contre lui. Dès que je l'enverrai chercher, aujourd'hui ou demain, qu'on me l'amène sans retard. C'est toi qui l'amèneras ; c'est toi qui en réponds. Et si, par malheur, il lui arrive quelque chose, je prends ton fils aîné, entends-tu ?

— Mais ne pourrait-on par hasard prendre un dvoïnik, Egor Mikhaïlovitch ?... C'est tout de même révoltant, ajouta-t-il après un silence, puisque mon frère est mort soldat, qu'on prenne encore son fils. Pourquoi ai-je à subir une telle iniquité ? disait-il presque en pleurant et prêt à tomber aux pieds d'Egor.

— Va, va, disait celui-ci, il n'y a rien à faire :

c'est la loi. Surveille Iliouchka, tu en réponds.

Doutlov s'en revint chez lui, en frappant de son bâton le sol de la route.

VII

Le lendemain matin, devant le perron de la maison des dvorovi, stationnait une petite charrette qui servait au gérant pour ses voyages. Elle était attelée d'un cheval qu'on appelait, je ne sais pourquoi, du nom de Baraban[1].

Anioutka, la fille ainée de Polikey, malgré la pluie mêlée de grêle, malgré le vent froid, se tenait, les pieds nus, à la tête du cheval, le plus loin possible, visiblement effrayée ; d'une main, elle le tenait par la bride, de l'autre elle maintenait une camisole d'un jaune verdâtre,

1. Tambour.

qui, dans la famille, servait tout à la fois de chouba¹, de fichu, de tapis, de paletot pour Polikey, et de beaucoup d'autres choses encore.

Il y avait de l'animation dans le *coin*. Il y faisait encore sombre. L'aube apparaissait à peine à travers la pluie qui pénétrait par la fenêtre en papier collé. Akoulina laissa un moment sa cuisine et ses enfants : les plus petits, encore au lit, tremblaient de froid, leur couverture ayant été enlevée pour abriter leur père, et remplacée par le fichu de la mère. Akoulina s'occupa de son mari, et mit la dernière main aux préparatifs du voyage.

La chemise était propre. Les bottes, trouées et, comme on dit, demandant la pâtée, l'inquiétaient surtout. Elle commença par ôter son unique paire de bas de laine et les passa à son

1. Fourrure de mouton.

mari. Puis, prenant un molleton de cheval qui, traînant dans l'écurie, avait trouvé depuis trois jours, grâce à Polikey, une meilleure place dans l'isba, elle s'ingénia à en boucher les trous des bottes, de manière à préserver son mari de l'humidité.

Lui-même, s'étant accroupi sur le lit, s'appliquait à arranger sa ceinture, pour qu'elle n'eût pas l'air d'une corde sale, tandis que la toute petite fille, dans le touloupe qui lui couvrait la tête et dépassait ses pieds, était envoyée chez Nikita pour lui emprunter son bonnet.

Les dvorovi augmentaient encore le tohubohu en venant prier Polikey de leur acheter à la ville, qui des aiguilles, qui du thé, celle-ci de l'huile, celui-là du tabac, et la femme du menuisier, un peu de sucre! Cette dernière avait déjà pris le temps de faire bouillir son samovar, et, pour amadouer Iliitch, lui apportait dans une cruche un breuvage qu'elle appelait du thé.

Nikita ayant refusé de prêter son bonnet, il fallait raccommoder celui de Polikey, c'est-à-dire remettre en place la ouate qui pendait, et coudre le trou avec une aiguille de palefrenier.

Comme Anioutka, transie de froid, avait à peine la force de tenir Baraban, Akoulina alla prendre sa place.

Finalement Polikey, ayant mis sur lui tous les vêtements de la famille, en laissant seulement la camisole et les pantoufles, monta dans la charrette. Il se couvrit, arrangea le foin, s'installa dessus, ramena les guides, se serra davantage d'un air d'importance, et partit.

Son petit garçon, Michka, sortit sur le perron et lui demanda de le voiturer un moment.

Machka, qui bégayait encore, dit, elle aussi, qu' « elle voulait *être voitulée, et qu'elle avait saud maintenant sans !a souba* ». Polikey retint Baraban, sourit de son sourire d'homme faible ; Akoulina fit monter les enfants, et, se penchant vers Polikey, lui dit à voix basse de ne pas oublier son serment, et de ne rien boire en route.

Polikey mena les enfants jusqu'à la boutique du maréchal-ferrant ; là il les descendit, s'enveloppa encore une fois, arrangea de nouveau son bonnet et partit d'un petit trot soutenu, les cahots faisant trembler ses joues et frapper ses pieds contre la charrette, tandis que Machka et Michka, avec une vivacité égale et piaillant à qui mieux mieux, couraient nus-pieds vers la maison, ce qui attira l'attention d'un chien du village ; il s'arrêta à les observer, puis, baissant tout à coup la queue, il détala vers son logis ; et cela fit crier dix fois plus les héritiers de Polikey.

Le temps était mauvais. La bise coupait le visage de Polikey. Une espèce de neige ou de grêle se mit à lui fouetter la figure, les mains nues qu'il cachait, avec les guides glacées, dans les manches du touloupe, et à crépiter aussi sur la vieille tête de Baraban, qui rabattait ses oreilles et clignotait des yeux.

Bientôt une éclaircie se fit. On voyait distinctement les nuages bleuâtres chargés de neige, et le soleil essaya de briller, mais timidement, tristement, comme le sourire de Polikey.

Celui-ci néanmoins était plongé dans d'agréables rêveries. Lui, qu'on parlait de déporter, qu'on menaçait du recrutement, lui que les paresseux s'abstenaient seuls de battre, lui qu'on chargeait toujours des pires corvées, voilà qu'il s'en va, maintenant, toucher une somme folle ; la barinia a confiance en lui ; il est assis dans la propre charrette du gérant, attelée du propre cheval qui traîne la barinia dans ses voyages, et il roule, ni plus ni moins qu'un dvornik, avec deux guides en cuir dans sa main. Et Polikey se redressait, arrangeait la ouate qui sortait de son bonnet et s'enveloppait de plus belle.

Du reste, si Polikey s'imaginait ressembler tout à fait à un riche dvornik, il se trompait. Chacun sait, il est vrai, que même un marchand à 10,000 roule dans une charrette avec des guides en cuir; c'est la même chose, et ce n'est pas la même chose. On voit un homme barbu dans un un caftan noir ou bleu, traîné par un cheval bien nourri, seul dans la charrette : il suffit d'un coup d'œil pour voir si le cheval est en effet bien nourri, si l'homme est lui-même en bon point, comment il se tient, comment il est ceinturé, comment le cheval est attelé, et l'on devine bien vite si c'est avec des mille ou avec des cents que ce moujik fait le commerce.

Tout homme d'expérience, en regardant de près Polikey, ses mains, son visage, sa barbe qu'il laissait pousser depuis quelque temps, sa ceinture, le foin répandu ça et là dans la charrette, le maigre Baraban, eût aussitôt reconnu en lui, non pas un marchand en gros, non pas un dvornik, mais un petit serf qui commercerait non avec des mille, ni des centaines, ni même des dizaines.

Ce n'était pas l'avis de Iliitch Polikey : il se trompait, et se trompait agréablement. « Quinze cents roubles, il va rapporter quinze » cents roubles; s'il le voulait, il tournerait » Baraban vers Odessa au lieu de le tourner

» vers la maison, et il s'en irait où Dieu le
» mènerait : seulement, il ne fera pas cela;
» mais il rapportera fidèlement la somme à
» la barinia, en disant qu'il en a déjà porté de
» bien autrement fortes! »

En passant devant le cabaret, Baraban se mit à tirer la guide de gauche ; il s'arrêta et se tourna de ce côté. Mais Polikey, bien qu'ayant l'argent à lui remis pour les emplettes à faire à la ville, fouetta Baraban de son knout, et poursuivit son chemin.

Il en fit autant devant un autre cabaret. Vers midi, il descendit de sa charrette, ouvrit la porte cochère de la maison du marchand qui hébergeait tous les gens de la barinia, fit entrer son véhicule, dételá, mit le cheval au foin, dîna avec les ouvriers du marchand, sans oublier de dire pour quelle importante affaire il était venu, et s'en fut chez le jardinier avec la lettre dans son bonnet.

La jardinier connaissait Polikey. Après avoir lu la lettre, il lui demanda, avec une visible défiance, si c'était bien à lui que l'argent devait être remis. Polikey voulut se fâcher, mais il n'y réussit point, il ne fit que sourire, de son sourire triste.

Le jardinier lut et relut la lettre et finit par lui remettre la somme. En recevant l'argent, Polikey le mit dans sa poitrine et retourna à l'auberge. Ni le restaurant, ni le cabaret, rien ne put le tenter.

Il sentait dans tout son être une fièvre délicieuse. Il fit plusieurs haltes devant les magasins où des marchandises tiraient l'œil, des bottes, des caftans, des bonnets, des indiennes à jolis dessins, et force victuailles. Il s'arrêtait un moment, puis, s'en allait, le cœur tout réjoui.

— Je puis acheter tout cela, mais je n'en ferai rien.

Il alla au marché acheter ce qu'on lui avait dit, prit toutes ses emplettes et se mit à marchander un touloupe dont on voulait vingt-cinq roubles. Le marchand, en regardant Polikey, doutait fortement qu'il pût faire cet achat. Mais Polikey lui montra sa poitrine, en disant qu'il pourrait, s'il le voulait, acheter toute la boutique, et demanda à essayer le touloupe. Il le chiffonna, souffla sur le poil, s'imprégna de l'odeur, et finit par l'ôter en soupirant.

— Le prix ne me convient pas, dit-il. Si tu me le laissais à quinze roubles?

Le marchand jeta avec colère le touloupe par-dessus le comptoir. Polikey sortit et, très dispos, rentra à son auberge. Après avoir soupé et donné à Baraban de l'eau et de l'avoine, il monta sur le poêle, retira l'enveloppe, et l'examina longtemps. Il pria un dvornik qui savait lire de lui lire l'adresse avec ces mots : « *Valeur : seize cent dix-sept roubles.* »

L'enveloppe était en fort papier, les cachets en cire brune avec une ancre : un grand au milieu et quatre aux quatre coins. Il y avait une petite tache de cire. Polikey regardait tout cela. Il palpa même les angles que faisaient les billets à travers l'enveloppe. Il éprouvait une joie d'enfant à se savoir tant d'argent entre les mains. Il plaça l'enveloppe dans le trou du bonnet, mit le bonnet sur sa tête et se coucha. Mais pendant la nuit il se réveilla plusieurs fois pour tâter l'enveloppe, et chaque fois, en la trouvant à la même place, il ressentait une agréable sensation d'orgueil, à penser que lui, ce Polikey tant décrié, avait tant d'argent sur lui, et qu'il le rapporterait exactement, comme le gérant lui-même ne saurait le faire.

VIII

Vers minuit, les ouvriers du marchand et Polikey furent réveillés par un grand bruit et des cris de moujicks; c'étaient les recrues de Pokrovsky.

— Ils étaient dix : Khoroschine, Mitiouchkine, et Ilia, le neveu de Doutlov, deux remplaçants, le staroste, le vieux Doutlov et ceux qui les accompagnaient.

Une veilleuse brûlait dans l'isba; la cuisinière dormait sur un banc, au-dessous des icônes. Elle se leva à la hâte et alluma une bougie. Polikey se réveilla aussi; il avança la tête au-dessus du poêle et regarda les moujicks qui rentraient. Tous se signaient en franchissant le seuil, et se mettaient sur les bancs. La plupart avaient l'air tranquilles; on ne pouvait donc reconnaître parmi eux les recrues; ils saluaient, bavardaient à l'envi, et demandaient de quoi manger. Quelques-uns, cependant, se tenaient cois et tristes; en revanche, les autres manifestaient une gaieté exubérante, comme des gens qui viennent de boire; dans le nombre était Ilia, qui n'avait jamais bu jusqu'à ce jour.

— Eh bien! enfants, soupons-nous, ou si nous nous couchons? demanda le staroste.

— Soupons, répondit Ilia, en écartant les pans de sa chouba et en s'asseyant sur le banc. Fais venir de la vodka.

— Tu en as assez, de la vodka! fit le staroste.

Et s'adressant aux autres :

— Contentez-vous donc de manger un peu de pain, enfants. Pourquoi réveiller tout le monde ?

— Fais venir de la vodka! répéta Ilia sans regarder personne, du ton d'un homme décidé à ne pas céder.

Les moujiks se rendirent à l'invitation du staroste; ils allèrent chercher du pain dans leurs charrettes, mangèrent, se firent apporter un peu de kvass[1], et se couchèrent, qui par terre, qui sur le poêle.

Ilia répétait de temps en temps :

— Fais venir de la vodka ; fais-en venir, te dis-je !

Tout à coup il aperçut Polikey.

— Polikey ! Polikey ! tu es ici, mon cher ami ! Tu sais, je vais partir comme soldat. J'ai

1. Cidre.

déjà fait mes adieux à ma mère et à ma baba... Comme elles gémissaient !... Oui ! maintenant je suis soldat... Achète-moi de la vodka !

— Je n'ai pas d'argent, répondit Polikey... Dieu t'aidera, tu seras exempté comme impropre au service ! ajouta Polikey pour le consoler.

— Mon frère, je n'ai jamais été malade. Pourquoi m'exempterait-on?... Quels soldats faut-il encore au czar?

Polikey entama l'histoire d'un moujik qui se vit exempter après avoir donné cinq roubles au médecin.

Ilia s'approcha du poêle. Ils causèrent.

— Non, Iliitch, c'est fini, maintenant ; et moi-même je ne veux plus rester. C'est mon oncle qui m'a contraint. Est-ce que nous ne pourrions pas acheter un remplaçant ? Mais non, il tient aussi bien à son fils qu'à ses écus, et c'est moi qu'il a fait partir. A présent, je ne veux plus rester.

Il parlait à voix basse, d'un air confiant, et sous l'influence d'une douce mélancolie.

— ... Je ne regrette que ma petite mère. Comme elle se lamentait, la malheureuse! Et ma baba! C'est ainsi qu'on l'a perdue! La voilà femme de soldat. Ne valait-il pas mieux qu'on ne me mariât pas? Pourquoi m'ont-ils marié?

— Mais pourquoi vous a-t-on emmenés si tôt? demanda Iliitch Polikey. On n'en avait rien dit, et puis tout à coup...

— Ils ont eu peur que je ne porte les mains contre moi-même, répondit Ilia avec un sourire. Ne crains rien, je ne ferai pas cela. Pour être soldat, je ne me crois pas perdu. C'est seulement ma petite mère que je regrette. Pourquoi m'ont-ils marié? disait-il d'une voix douce et triste.

La porte s'ouvrit, puis se referma avec fracas, et le vieux Doutlov entra en secouant son bonnet :

— Afonassi, dit-il au dvornik en se signant, n'aurais-tu pas une petite lanterne? Je voudrais aller donner l'avoine aux chevaux.

Doutlov, sans regarder Ilia, se mit tranquillement à allumer la lanterne. Ses moufles et son knout étaient passés dans sa ceinture, et son caftan était ceinturé avec soin. On eût dit qu'il arrivait avec tout un convoi. Placide était son visage, où se lisait seulement le souci des affaires de sa maison.

En apercevant son oncle, Ilia se tut, baissa les yeux d'un air morne, et dit au staroste :

— Fais venir de la vodka, Ermil ; je veux boire de la vodka.

Sa voix était mauvaise et sombre.

— Que parles-tu de vodka maintenant, fit le

staroste en buvant un peu de sa tasse; tu vois bien que tous les autres ont mangé et se sont couchés; il n'y a que toi qui te rebiffes.

Le mot donna justement à Ilia l'idée de la chose.

— Staroste, je vais faire un mauvais coup, si tu ne me donnes pas de vodka.

— Ne pourrais-tu pas le calmer, toi? dit le staroste en se tournant vers Doutlov, qui avait allumé sa lanterne, mais s'était arrêté pour écouter, et jetait un oblique regard de compassion sur son neveu, comme surpris de son enfantillage.

Ilia dit de nouveau, les yeux baissés :

— Donne-moi de la vodka, ou je fais un mauvais coup.

— Laisse donc cela, Ilia, répondit le staroste avec douceur, laisse cela. Ma foi, cela vaut mieux.

Il n'avait pas fini qu'Ilia, s'étant brusquement levé, donnait du poing dans le carreau :

— Vous n'avez pas voulu m'écouter ! criait-il de toutes ses forces; eh bien ! voilà !

Et il se jeta sur un autre carreau pour le briser aussi.

En un clin d'œil, Polikey fit deux tours sur lui-même et se cacha dans le coin du poêle, au grand effroi de tous les cafards. Quant au staroste, il laissa là sa tasse et courut à Ilia.

Doutlov posa lentement sa lanterne, ôta sa ceinture, claqua de la langue, hocha de la tête et s'approcha de son neveu, déjà aux prises avec le staroste et le dvornik, qui voulaient l'entraîner loin de la fenêtre. Ils l'avaient saisi par les mains et le tenaient ferme, semblait-il. Mais la vue de son oncle, qui marchait vers lui la ceinture à la main, décupla ses forces; il se dégagea et, les yeux injectés, le poing levé, il alla à Doutlov.

— Je te tue ! Ne m'approche pas, barbare ! C'est toi qui m'as perdu, oui, toi, avec tes brigands de fils. Pourquoi m'avez-vous marié ? N'approche pas, ou je te tue !

Iliouchka était terrible. Sa figure toute rouge, ses regards égarés... tout son corps robuste et jeune avait comme une fièvre : il semblait vouloir et pouvoir tuer les trois moujiks qui se dirigeaient vers lui.

— C'est le sang de ton frère que tu bois, vampire !

Quelque chose éclata sur le visage toujours calme de Doutlov. Il fit encore un pas en avant.

— Ah ! tu n'as pas voulu entendre raison ! fit-il soudain. Et, avec une énergie surprenante, d'un brusque mouvement il saisit son neveu, roula par terre avec lui, et, avec le secours du staroste, essaya de lui lier les mains derrière le dos.

Ils luttèrent pendant cinq minutes.

Enfin Doutlov, aidé du moujik, parvint à décrocher les mains d'Ilia crispées sur sa chouba; il se releva, puis releva Iiia, les mains liées, et l'assit sur un banc dans un coin.

— Je te l'ai dit, que les choses se gâteraient, dit-il encore tout essoufflé de la lutte, en arrangeant la ceinture de sa blouse. Pourquoi pécher ? Tous mourront un jour... Mets-lui un caftan sur la tête, ajouta-t-il en s'adressant au dvornik, pour que le sang ne lui monte pas à la tête.

Il prit la lanterne, se ceignit d'une corde et sortit pour s'occuper de ses chevaux.

Ilia, les cheveux en désordre, le visage pâle, la blouse chiffonnée, examinait la chambre, comme pour se rappeler où il était. Le dvornik ramassait les débris du verre, et disposait un touloupe le long de la fenêtre pour empêcher le vent d'entrer. Le staroste revint à sa tasse.

— Eh! Ilionchka, Iliouchka, j'ai pitié de toi, je t'assure. Mais que faire? Voilà Koroschine qui est aussi marié. Mais que faire? Impossible de résister.

— Mais moi, je suis perdu par mon brigand d'oncle! répéta Ilia avec fureur. Il n'a d'yeux que pour les siens; ma petite mère disait que le gérant l'avait engagé à acheter un remplaçant; et il s'y refuse, il prétend qu'il n'en a pas les moyens! Mais est-ce que nous, avec mon frère, nous n'avons pas apporté assez d'argent dans la maison? C'est un brigand! un misérable!

Doutlov rentrait dans l'isba; il fit sa prière devant les icônes, se déshabilla, et s'assit à côté du staroste. La servante lui apporta du kvass et une cuiller. Ilia se tut, et, fermant les yeux, se coucha sur le caftan. Le staroste le désigna silencieusement et hocha la tête. Doutlov fit un geste de désespoir.

— Quoi ! n'ai-je donc pas de pitié ? C'est le fils de mon frère, et non seulement je serais sans pitié pour lui, mais encore on me fait passer pour un brigand à ses yeux ! Sa femme, une petite baba rusée, malgré sa jeunesse, lui aurait-elle mis dans la tête que nous avons assez d'argent pour acheter un remplaçant ?... Voilà qu'il m'accable de reproches, à présent. Et que je le plains, pourtant !...

— Ah ! c'est un bon garçon !... dit le staroste.

— Mais je n'ai plus la force de m'en charger. Demain j'enverrai Ignat; sa femme viendra aussi.

— Envoie, tu feras bien, répondit le staroste

en montant sur le poêle... Qu'est-ce que l'argent ? L'argent ce n'est rien.

— S'il y en avait, de l'argent, qui aurait refusé de le donner ? fit un ouvrier du marchand, en levant la tête.

— Eh ! l'argent, l'argent, que de péchés n'engendre-t-il pas ? dit Doutlov. Rien au monde n'engendre autant de péchés que l'argent. Cela est dit dans les Saintes Écritures.

— Tout y est dit, reprit le dvornik. Un homme m'a raconté ceci. Il y avait une fois un marchand qui avait amassé beaucoup d'argent et qui ne voulait rien laisser après lui. Il l'aimait tellement, son argent, qu'il l'emporta avec lui dans la tombe. Au moment de mourir, il donna seulement l'ordre de déposer certain petit coussin dans sa bière. On n'eut alors aucun soupçon. Puis les fils se mirent à chercher l'argent : rien. L'un d'eux comprit que l'argent devait se trouver dans le petit coussin. On alla jusqu'au czar; et il permit d'exhumer. Eh bien! que penses-tu? On ouvrit le tombeau, et il n'y avait rien ; il n'y avait que la bière pleine de vermine. Et on l'inhuma de nouveau. Voilà ce que fait l'argent.

— Certes, il engendre beaucoup de péchés, dit Doutlov.

Il se leva, et se mit à prier Dieu. Sa prière faite, il regarda son neveu. Celui-ci dormait. Doutlov s'approcha, délia sa ceinture, dont il s'était servi pour le garrotter, et se coucha. L'autre moujik s'en alla dormir près des chevaux.

IX

Quand tous les bruits se furent tus, Polikey, comme si c'eût été lui le coupable, descendit doucement et fit sans bruit ses préparatifs de départ. Il n'était pas à son aise auprès des recrues. Déjà les coqs se répondaient par des cris de plus en plus nombreux.

Baraban avait mangé toute son avoine ; il était en train de boire. Iliitch l'attela et dégagea sa charrette d'entre les charrettes des moujiks. Son bonnet, avec ce qu'il contenait, était en bon état ; et les roues de son petit véhicule se mirent à rouler bruyamment sur le sol glacé de la route de Pokrovsky. Il ne respira plus librement qu'une fois hors de la ville : jusque-là il lui avait semblé, sans qu'il sût pourquoi, qu'on allait le poursuivre, l'arrêter, lui lier les mains, et l'emmener à la place d'Ilia.

Était-ce froid ou peur? mais un frisson lui secouait le dos, et il fouettait sans répit Baraban. Le premier homme qu'il rencontra, c'était un pope, coiffé d'un grand bonnet d'hiver et accompagné d'un domestique. Polikey sentit redoubler son inquiétude.

Mais quand il fut sorti de la ville, sa frayeur se dissipa peu à peu. Baraban marchait lentement, la route devenait plus visible. Iliitch ôta son bonnet et tâta l'argent.

— Si je le mettais dans ma poitrine ! pensait-il. Mais pour cela il faudrait peut-être encore déboucler ma ceinture. Je vais attendre d'avoir passé la colline : je descendrai alors de ma charrette et je m'arrangerai... Le bonnet est bien cousu par en haut, et la doublure en est en bon état. Décidément je n'ôterai mon bonnet qu'à la maison.

Après avoir descendu la colline, Baraban se mit de lui-même à gravir la montée au galop, et Polikey, aussi désireux que Baraban d'être rendu au plus tôt, ne fit rien pour le retenir. Tout allait pour le mieux, il le pensait du moins; et il se prit à rêver à la reconnaissance de la barinia, aux cinq roubles qu'elle lui donnerait, à la joie de tous les siens.

Il prit son bonnet, toucha la lettre encore une fois, le renfonça plus profondément sur sa tête et sourit. La peluche du bonnet était entièrement usée; et le soin que la veille Akoulina avait apporté à en repriser la déchirure devait justement avoir pour effet de le déchirer d'un autre côté. Le geste par lequel Polikey avait cru, dans l'obscurité, cacher plus avant dans la ouate la lettre de l'argent, ce fut précisément ce geste qui déchira le bonnet ; et l'enveloppe sortit par un coin hors de la peluche.

Le jour vint, et Polikey, qui n'avait pas dormi de la nuit, s'assoupit, après avoir encore enfoncé le bonnet sur sa tête, et fait par là même sortir de plus en plus la lettre. Tout en dormant, il dodelinait de la tête contre la ridelle de la charrette. Il ne se réveilla que dans le voisinage de sa maison. Son premier mouvement fut de porter la main à son bonnet. Il était bien assujetti à sa tête. Il ne l'ôta pas, convaincu que l'enveloppe s'y trouvait. Il rendit la bride à Baraban, arrangea le foin, se donna de nouveau l'air d'un dvornik, en regardant fièrement autour de lui, et se dirigea vers son logis.

Voici la cuisine, voici la maisonnette, voici

la femme du menuisier qui porte des toiles, voici le bureau, voici l'habitation de la barinia, où Polikey se fit tout de suite reconnaître pour un homme sûr et honnête, « on peut dire d'un homme tout le mal qu'on veut; » il se voit déjà devant la barinia, « Eh bien ! je te remercie, va-t-elle lui dire, Polikey; voilà trois roubles pour toi ! » Et peut-être cinq, et peut-être dix roubles ; et elle lui fera encore servir du thé, peut-être même de la vodka. Par ce froid-là, cela ne ferait pas de mal...

— Avec dix roubles, nous ferons bien la fête, et nous achèterons des bottes. On rendra à Nikita ses quatre roubles et demi; soit! — car il commence à devenir trop importun.

A cent pas de sa maison, Polikey fit claquer son fouet, ajusta sa ceinture, ôta son bonnet, arrangea ses cheveux, puis, sans se presser, enfonça la main dans la doublure.

Sa main furetait dans le bonnet, de plus en plus fiévreuse ; il y mit aussi l'autre main. Son visage pâlissait, pâlissait ; une main passa au travers... Polikey se jeta à genoux, arrêta le cheval et se mit à chercher partout dans la charrette, dans le foin, parmi les emplettes, dans sa poitrine, dans ses culottes : pas d'argent.

— Mon petit père, mais qu'est-ce donc que cela ? que va-t-il en advenir ? gémissait-il en s'arrachant les cheveux.

Mais il se rappelle tout à coup qu'on peut l'apercevoir. Il fait faire volte-face à Baraban, remet son bonnet, et fouette à tour de bras le cheval étonné et mécontent.

— Je déteste d'aller avec Polikey, avait l'air de penser Baraban. Une fois dans sa vie, il me donne à manger et à boire au bon moment ; et ce n'était que pour me leurrer de la sorte ! Comme j'ai galopé pour être plus vite de retour au logis, je suis fatigué, et je commence a peine à sentir notre foin, qu'il me fait retourner...

— Eh ! va ! diable ! criait à travers ses larmes Polikey, debout sur sa charrette, en tirant de la bride sur la bouche de Baraban et en le fouettant de son knout.

X

De toute cette journée, personne de Pokrovsky ne vit Polikey. La barinia l'envoya chercher plusieurs fois après le dîner, et Aksioutka accourait chez Akoulina. Mais celle-ci répondait qu'il n'était pas encore de retour ; sans doute que le marchand l'avait retenu, ou qu'il était arrivé quelque chose au cheval.

— Ne boîterait-il pas un peu ? (disait-elle. Maxime a voyagé avec lui pendant vingt-quatre heures, et il a dû faire toute la route à pied.

Un moment après, Aksioutka mettait de nouveau ses deux battants en branle vers la maison, et Akoulina s'ingéniait à trouver chaque fois une nouvelle cause au retard de son mari. Elle essayait de se tranquilliser, mais elle n'y parvenait guère. Elle avait le cœur bien gros, et se sentait incapable de travailler aux préparatifs de la fête du lendemain.

D'autant plus se torturait-elle, que la femme du menuisier assurait avoir vu elle-même un homme en tout semblable à Iliitch se diriger vers l'avenue, puis tourner bride.

Les enfants, eux aussi, attendaient leur petit père avec une impatience mêlée d'inquiétude, mais pour d'autres raisons. Anioutka et Nachka étaient restées sans chouba, et sans caftan qui leur permît, au moins à tour de rôle, de sortir dans la rue, et par suite elles étaient obligées de jouer tout près de la maison, vêtues seulement de leurs robes. Leurs rapides allées et venues dérangeaient incessamment les habitants de l'isba qui avaient à entrer où à sortir.

Une fois, Machka vint heurter les jambes de la femme du menuisier qui portait de l'eau, et, quoiqu'elle se fût mise à pleurer d'avance, elle se vit néanmoins tirer les cheveux, ce qui la fit pleurer de plus belle. Quand elle ne heurtait personne, elle volait tout droit à travers la porte, et, s'aidant des tonneaux, grimpait lestement sur le poêle.

La barinia et Akoulina s'inquiétaient seules, à vrai dire, surtout de Polikey lui-même, tandis que les enfants songeaient aux vêtements qu'il avait sur lui.

Et Egor Mikhaïlovitch, en faisant son rapport à la barinia, interrogé par elle, « si Polikey n'est pas encore arrivé, où peut-il être ? » répondait avec un sourire : « Je ne puis pas le savoir, » visiblement satisfait de voir ses suppositions réalisées.

— Il devait arriver vers l'heure du dîner, ajouta-t-il d'un ton significatif.

Personne ne sut rien de Polikey à Pokrovsky, pendant toute cette journée. On n'apprit que plus tard que les moujiks des environs l'avaient vu courant sans bonnet sur la route et demandant à chacun s'il n'avait pas trouvé une lettre. Une autre l'avait trouvé endormi au bord de la route, auprès du cheval lié à la charrette :

— Et j'ai pensé, ajoutait cet homme, qu'il était ivre-mort, et que le cheval n'avait ni mangé ni bu depuis deux jours, tant il était maigre !

Akoulina ne ferma pas l'œil de la nuit. Elle tendait l'oreille; mais Polikey n'arrivait toujours pas. Elle eût souffert encore plus cette nuit-là, si elle avait été seule et qu'elle eût eu un cuisinier et des domestiques : mais comme les coqs avaient chanté pour la troisième fois, et que la femme du menuisier était déjà debout, Akoulina dut se lever aussi pour allumer le poêle.

C'était la fête. Il fallait avant l'aube tirer le pain du four, faire du kvass, cuire la galette, traire la vache, repasser robes et chemises, laver les enfants, apporter de l'eau, disputer à sa voisine sa part du poêle. Akoulina se livra à ces multiples occupations sans cesser d'être aux aguets.

Il faisait jour déjà. Les cloches appelaient les fidèles aux offices, les enfants se levèrent, et Polikey n'était pas là. Il avait gelé la veille pour la première fois, et la neige avait couvert inégalement les champs, la route et les toits. Ce matin, comme exprès pour la fête, la journée s'annonçait belle, ensoleillée, froide, de sorte qu'on pouvait voir et entendre de loin.

Mais Akoulina, debout devant le poêle, était

si attentive à la cuisson de sa galette, qu'elle n'entendit pas venir Polikey. Ce ne fut que par les cris des enfants qu'elle apprit l'arrivée de son mari.

Anioutka, en sa qualité d'aînée, avait graissé sa tête et revêtu ses plus beaux habits; elle portait une robe d'indienne rose, neuve, mais chiffonnée, un cadeau de la barinia, — qui lui allait fort mal, mais qui ferait enrager les voisins; ses cheveux luisaient; elle y avait employé un demi-bout de chandelle; quant aux bottines, sans être neuves, elles étaient d'un cuir assez fin. Machka, encore en camisole, jouait dans la boue, et Anioutka la tenait à distance, de peur d'en être salie.

La petite fille était dehors quand Polikey arriva avec un petit sac.

— Le pè-e est a-ivé! cria-t-elle.

Et elle se jeta dans la porte comme la foudre, salissant au passage Anioutka qui, n'ayant plus peur d'être tachée, se mit à battre Machka. Akoulina, ne pouvant quitter sa besogne, se contenta de crier à ses enfants.

— Eh! vous autres, je vous fouetterai tous!

Puis elle se retourna vers la porte. Iliitch, avec un petit sac à la main, était entré dans le vestibule et s'était faufilé aussitôt dans son coin.

Il semblait à Akoulina qu'il était pâle, et que son visage portait des traces ou de rires ou de larmes. Mais elle n'avait pas le temps de l'examiner de près.

— Eh bien! Iliitch, tout va bien? demanda-t-elle du poêle. Iliitch murmura entre ses dents quelque chose qu'elle ne comprit pas.

— Quoi! fit-elle. As-tu passé chez la barinia?

Iliitch, dans son coin, était assis sur le lit,

et jetait autour de lui des regards égarés, en souriant de son sourire coupable et profondément malheureux. Longtemps il demeura sans répondre.

— Eh! Iliitch! pourquoi tarder si longtemps? dit la voix d'Akoulina.

— Moi, Akoulina, j'ai remis l'argent à la barinia... Comme elle m'a remercié! dit-il tout à coup, en regardant çà et là avec une angoisse croissante et toujours souriant. Deux objets fixèrent surtout l'attention de ses yeux inquiets et fiévreux : la corde qui soutenait le berceau de l'enfant, et l'enfant lui-même. Il s'approcha du berceau et, de ses doigts minces, il défit rapidement le nœud de la corde. Puis il regarda l'enfant.

Mais à ce moment Akoulina, portant une galette sur une planche, entra dans le coin.

Iliitch cacha vivement la corde dans sa poitrine et se rassit sur le lit.

— Qu'as-tu donc, Iliitch ? On dirait que tu as quelque chose ! dit Akoulina.

— Je n'ai pas dormi, répondit-il.

Quelque chose passa brusquement derrière la fenêtre, et un instant après, Aksioutka, la fille d'en haut, se précipitait comme une flèche.

— La barinia a demandé Polikey ; qu'il vienne tout de suite, a dit Advotia Mikhaïlovna... Tout de suite !

Polikey regarda tour à tour Akoulina et sa petite fille.

— Tout de suite ! qu'y a-t-il encore ? dit-il d'un ton si naturel qu'Akoulina se sentit rassurée : « Peut-être est-ce pour le recompenser ! pensa-t-elle. »

— Va lui dire que j'y vais tout de suite.

Il se leva et sortit, tandis que sa femme prenait une auge de bois, et la posait sur le banc. Elle y versa l'eau des seaux qu'elle tenait près de la porte, et l'eau d'un baquet chauffé au four. Puis elle retroussa ses manches et trempa ses mains dans l'auge.

— Viens, Machka, je vais te laver.

La petite capricieuse se mit à pleurer.

— Viens donc, sale, je vais te mettre une chemise propre. Plus vite que cela, je n'ai pas le temps; j'ai encore à laver ta sœur.

Cependant Polikey n'avait pas suivi la fille d'en haut chez la barinia; il s'était dirigé d'un autre côté. Au delà du vestibule, tout près du mur, se trouvait un escalier droit qui menait au grenier. Polikey, en quittant le vestibule, jeta un coup d'œil autour de lui et, ne voyant personne, monta cet escalier adroitement et vivement, presque au pas de course.

— D'où vient que Polikey n'arrive pas ?

disait la barinia impatientée, en s'adressant à Douniacha qui la peignait. Où donc est Polikey ? Pourquoi ne vient-il pas ?

Aksioutka vola de nouveau vers la maison des dvorovi, s'élança dans le vestibule, et demanda qu'Iliitch se rendît chez la barinia.

— Mais il y a longtemps qu'il y est allé ! répondit Akoulina, qui, après avoir lavé Machka, venait seulement d'asseoir dans l'auge son nourrisson Siomka, dont elle mouillait les petits cheveux rares, sans s'arrêter à ses cris.

L'enfant criait, faisait des grimaces, et tâchait de saisir quelque chose de ses mignonnes mains inconscientes. Akoulina soutenait, de l'une de ses grandes mains, son petit dos potelé, tout en fossettes, et de l'autre elle le lavait.

— Va voir s'il ne s'est pas endormi quelque part, fit-elle en jetant autour d'elle des regards d'inquiétude.

Pendant ce temps, la femme du menuisier, les cheveux en désordre, la poitrine dégrafée, montait dans le grenier en se tenant les jupes, pour y prendre sa robe qui séchait. Tout à coup un cri de terreur retentit dans le grenier, et la femme du menuisier, comme folle, les yeux fermés, à quatre pattes, et plutôt à la façon d'un chat qu'en courant, dégringola l'escalier.

— Iliitch ! cria-t-elle.

Akoulina laissa tomber l'enfant de ses mains.

— Il s'est étranglé ! cria la femme du menuisier.

Sans prendre garde que l'enfant roulait, dans l'auge comme une petite pelote, les pieds en l'air, la tête sous l'eau, Akoulina s'élança vers le vestibule.

— ... A la poutre !... Pendu !... disait la

femme du menuisier. Mais elle s'arrêta en apercevant Akoulina.

Celle-ci se jeta sur l'escalier; avant qu'on n'eût pu la retenir, elle en gravit les marches, et, poussant un cri terrible, elle tomba comme morte, et se serait tuée si la foule qui accourait de tous les coins ne l'avait pas soutenue.

XI

Pendant quelques instants, on ne put rien distinguer dans la confusion générale. Tous parlaient et criaient à la fois, les enfants et les vieilles femmes pleuraient. Akoulina était toujours sans connaissance. Enfin les hommes, le menuisier et le gérant qui étaient accourus, montèrent au grenier, et la femme du menuisier, pour la vingtième fois répéta comment, sans penser à rien, elle était allée chercher sa robe...

— Comme je jetais les yeux d'un certain côté, voilà que j'aperçois un homme. Je regarde; un bonnet gît à côté de lui, et je vois que les jambes se balancent. J'étais toute froide...

Jugez donc ! un homme qui se pend et moi qui le vois !... Alors je dégringole l'escalier, et je ne sais plus comment je l'ai dégringolé. Et c'est vraiment un miracle que Dieu m'ait sauvée. C'est si haut, si raide ! J'aurais pu me tuer sur le coup.

Les gens qui venaient du grenier racontaient la même chose. Iliitch s'était pendu à une poutre, vêtu seulement de sa chemise et de ses culottes, avec cette même corde qu'il avait dénouée du berceau. Son bonnet, retourné, était à côté de lui ; son caftan et sa chouba, il les avait retirés et soigneusement pliés. Ses pieds touchaient à terre, et il ne donnait plus signe de vie.

Akoulina revint à elle, et s'élança de nouveau sur l'escalier ; mais on l'arrêta.

— Maman ! Siomka s'est engoué ! cria tout à coup, de son coin, la petite fille.

Akoulina se dégagea et courut dans le coin. L'enfant était immobile, sur le dos, dans l'auge ; ses petites jambes ne remuaient pas. Akoulina le prit ; mais l'enfant ne respirait plus, ne bougeait plus. Elle le jeta sur le lit, et, pressant son menton entre ses deux mains, elle poussa un éclat de rire si aigu, si sonore, si terrible que Machka, qui avait commencé par rire aussi, se boucha les oreilles et se sauva en sanglotant dans le vestibule.

La foule envahit de nouveau le coin avec des cris et des pleurs. On sortit l'enfant, on le frictionna : tout fut inutile.

Akoulina se démenait sur le lit, et riait, riait de telle sorte, que tous ceux qui entendaient ce rire en étaient épouvantés. C'était maintenant, à voir cette foule mêlée de maris, de vieillards, d'enfants attroupés dans le vestibule, qu'on pouvait seulement se rendre compte du nombre et de la qualité des gens qui vivaient dans cette maison des dvorovi.

Tous s'agitaient, tous parlaient, plusieurs pleuraient, et personne n'agissait.

La femme du menuisier trouvait sans cesse des gens qui n'avaient pas encore entendu son histoire, et elle racontait pour la centième fois comment son cœur sensible avait été bouleversé par un spectacle inattendu, et comment Dieu l'avait miraculeusement préservée d'une chute dans l'escalier.

Le petit vieillard qui avait le buffet à gérer, affublé d'une camisole de femme, rappelait que... au temps du défunt barine, une femme s'était jetée dans le lac.

Le gérant envoyait chercher le commissaire de police et un prêtre, et désignait une garde.

La jeune fille d'en haut, Aksioutka, de ses yeux qui lui sortaient de la tête, regardait par un trou dans le grenier, et, quoiqu'elle ne vît absolument rien, elle ne pouvait s'en arracher pour retourner chez la barinia.

Agafia Mikhaïlovna, l'ancienne femme de chambre de la vieille barinia, demandait du thé pour calmer ses nerfs et pleurait. La babouchka¹ Anna, de ses habiles mains potelées, tout imprégnées d'huile d'olive, disposait le petit cadavre sur la table. Les femmes se tenaient près d'Akoulina et la contemplaient en silence. Blottis dans le coin, les enfants, en contemplant leur mère, poussaient des cris perçants, puis se taisaient, et, les yeux de nouveau levés vers elle, se renfonçaient encore plus dans leur coin.

Les gamins et les moujicks, groupés autour du perron, regardaient, le visage terrifié, à

---

1. Grand'mère.

travers la porte et les fenêtres, sans voir, sans comprendre, et se demandaient l'un à l'autre ce que c'était. Suivant l'un, c'était le menuisier qui avait, à coups de hache, coupé une jambe à sa femme ; d'après un autre, la blanchisseuse venait d'accoucher de trois enfants ; un troisième soutenait que le chat du cuisinier, devenu subitement enragé, avait mordu beaucoup de monde.

Mais la vérité se répandit peu à peu et vint enfin jusqu'aux oreilles de la barinia, qu'on n'avait même pas préparée à la nouvelle : ce fut le brusque Egor qui la lui annonça sans ménagement ; elle en eut les nerfs si fortement ébranlés que de longtemps elle ne put reprendre ses sens.

La foule commençait à s'apaiser. La femme du menuisier apprêta le samovar et fit du thé ; et les étrangers, ne recevant pas d'invitation, trouvèrent inconvenant de rester plus longtemps. Déjà les curieux, sachant de quoi il s'agissait, se retiraient en faisant des signes de croix, tandis que les gamins se battaient près du perron, quand tout à coup un mot vola de bouche en bouche : « La barinia ! la barinia ! »

Tous se rassemblèrent de nouveau ; ils se reculèrent pour la laisser passer ; mais tous ils voulaient voir ce qu'elle allait faire. La barinia, pâle, les yeux rougis de larmes, entra dans le vestibule et pénétra dans le coin d'Akoulina. Des dizaines de têtes se pressaient dans l'ouverture de la porte ; on serra tellement une femme enceinte qu'elle se mit à gémir, mais elle profita aussitôt de l'occasion pour gagner un rang.

Et comment ne pas regarder la barinia dans le coin d'Akoulina ? C'était pour les dvorovi comme un feu de Bengale à la fin d'une représentation... C'est un beau spectacle, un feu de Bengale qu'on allume et, c'était un beau spectacle, la barinia, tout en soie et en dentelles, entrant chez Akoulina, dans son coin.

La barinia, s'approchant d'Akoulina, lui prit la ma... Akoulina la retira violemment, ce qui fit hocher la tête d'un air de blâme aux vieux dvorovi.

— Akoulina, dit la barinia, tu as des enfants, songe à toi.

Akoulina éclata de rire et se leva.

— J'ai des enfants, tous en argent, tous en argent... Je n'ai pas de billets, dit-elle vivement. Je disais à Iliitch de ne pas prendre de billets... Et voilà qu'on a graissé la roue avec du goudron... avec du goudron et du savon. Madame.. si épaisse que soit la crasse, ça s'en va tout de suite.

Et elle poussa un éclat de rire encore plus aigu.

La barinia envoya quérir un infirmier avec de la moutarde. Puis :

— Donnez-moi de l'eau froide, dit-elle.

Et elle se mit à en chercher elle-même. Mais à la vue de l'enfant mort, devant lequel se tenait la babouchka Anna, la barinia se détourna, et chacun vit qu'elle se couvrait le visage d'un mouchoir en fondant en larmes, tandis que la babouchka Anna (pourquoi la barinia ne la vit-elle pas? Elle l'aurait appréciée; et c'était fait du reste dans cette vue) recouvrait le corps d'une toile, et de sa grasse main exercée arrangeait les petites menottes, branlant la tête si tristement, faisant saillir ses lèvres et bridant ses yeux avec tant de sentiment, que tout le monde pouvait voir son bon cœur. Mais la barinia n'y prit pas garde, et ne pouvait d'ailleurs rien voir. Elle éclata en sanglots, en proie à une attaque de nerfs ; on la prit par le bras, on lui fit traverser le vestibule et on la reconduisit ainsi jusqu'à sa maison.

— C'est tout ce qu'elle a pu faire ! pensaient la plupart des moujiks en se dispersant.

Akoulina s'esclafait toujours en disant des folies. On l'emmena dans une autre chambre, on la soigna, on lui appliqua des sinapismes sur tout le corps, et de la glace sur la tête ; mais elle demeurait toujours sans rien comprendre, sans pleurer ; au contraire, elle riait en parlant et en agissant, de telle sorte que les bonnes gens qui la soignaient ne pouvaient se retenir et riaient aussi.

XII

La fête fut assez tristement célébrée dans les cours de Pokrovsky. Quoique la journée fût belle, les rues étaient à peu près désertes, les jeunes filles ne se réunissaient point pour chanter des chœurs ; les ouvriers venus de la ville ne jouaient ni de l'accordéon ni du balalaïka [1], et ne riaient pas avec les jeunes filles.

Tous demeuraient dans leurs coins, et s'ils parlaient, c'était à voix basse, comme s'il y avait eu quelque mauvais esprit qui pût les entendre.

La journée se passa encore tant bien que

1. Espèce de guitare.

mal. Mais le soir, quand il commença à faire noir, les chiens hurlèrent, le vent se leva et siffla dans les cheminées, et la terreur étreignit tous les habitants de la maison des dvorovi : ceux qui avaient des cierges les allumaient devant les icônes ; ceux qui se trouvaient seuls dans leur *coin* allaient demander l'hospitalité à leurs voisins ; tel qui avait à se rendre à l'étable ne s'y rendit point, sans pitié pour ses bêtes laissées jusqu'au matin sans nourriture. Et l'eau bénite, précieusement conservée dans de petits flacons, fut entièrement consommée pendant cette nuit-là.

Plusieurs même entendirent cette nuit quelqu'un se promener d'un pas lourd au-dessus de leurs têtes, et le maréchal ferrant vit distinctement un serpent qui volait droit au grenier.

Dans le *coin* de Polikey, d'où la folle et les enfants avaient été emmenés, les voisins récitaient les psaumes des morts, avec deux petites vieilles et une religieuse qui, dans l'ardeur de son zèle, lisait les psaumes non pas seulement pour l'enfant, mais pour tous ces malheurs. Ainsi l'avait voulu la barinia.

Les petites vieilles et la religieuse entendirent, elles aussi, la poutre trembler et quelqu'un sangloter là-haut, à la fin de chaque psaume, et tout rentrait dans le silence quand on lisait que Dieu était ressuscité.

La femme du menuisier avait invité sa commère : toutes deux, cette nuit, sans dormir, burent force thé, toute la provision de la semaine. Elles ouïrent également trembler les poutres là-haut, et des sacs, eût-on dit, tomber sur le plancher.

Tous seraient morts de peur sans les moujiks de garde, qui rendirent quelque courage aux dvorovi. Ces moujiks s'étaient couchés dans le vestibule, sur du foin ; ils assurèrent ensuite avoir ouï pareillement des prodiges dans le grenier, quoiqu'ils eussent passé cette nuit à parler tranquillement entre eux du recrutement, à mâcher du pain, à se gratter. Ils remplirent le vestibule d'une odeur caractéristique de moujiks, à tel point que la femme du menuisier se mit à cracher en passant, et à dire, d'un ton insultant, que c'étaient bien là de vrais moujiks.

Quoi qu'il en fût, le pendu pendait toujours au grenier ; et il semblait que le mauvais Esprit lui-même eût, pendant cette nuit, couvert de sa grande aile la maison des dvorovi, et, plus près d'eux que jamais, les tînt sous son influence maléfique. Du moins c'était ce que chacun croyait. Je ne sais si cette croyance était fondée, je pense même qu'elle n'était pas fondée du tout. Je pense que si un homme courageux, pendant cette nuit d'épouvante, avait pris une bougie, une lanterne ; si, faisant un signe de croix, ou même sans signe de croix, il était entré dans le grenier et, déchirant lentement devant lui, par la flamme de sa bougie, la terreur de la nuit, éclairant les poutres, le sable du parquet, les tuyaux du poêle couverts de toiles d'araignées, les pèlerines oubliées par la femme du menuisier, il avait marché jusqu'à Iliitch, sans se laisser gagner par l'épouvante, et levé la lanterne à la hauteur de son visage, alors il aurait aperçu le corps bien connu de Polikey, maigre, les pieds sur le sol (la corde s'était allongée), incliné d'un côté, comme une masse inerte, la chemise déboutonnée sur le cou, qui ne portait plus de croix, la tête retombée sur la poitrine, et ce bon visage aux yeux ouverts et fixes qui ne voyaient plus, ce sourire doux et coupable, avec un air de sévérité sévère et un apaisement dans tout le corps.

Ma foi, la femme du menuisier, blottie dans le coin de son lit avec ses cheveux en désordre, ses yeux hagards, et prétendant ouïr comme des bruits de sacs qui tombent, était certes plus terrible, plus effroyable d'aspect qu'Iliitch, quoiqu'on l'eût dépouillé de sa croix pour la poser sur la poutre.

En haut, c'est à dire chez la barinia, la même terreur sévissait. Il régnait dans sa chambre une odeur d'eau de Cologne et de pharmacie.

Douniacha chauffait de la cire jaune et la versait dans de l'eau froide. Pourquoi faisait-elle du « spousk [1] ? » Je ne sais, mais on en faisait

1. Cette préparation d'huile et de cire jaune chauffée et répandue dans l'eau froide est considérée par le peuple comme un spécifique contre la migraine et les névralgies. On la verse sur la tête du malade.

chaque fois que la barinia se trouvait indisposée, et à cette heure elle était bouleversée jusqu'à en être malade.

La tante de Douniacha, pour lui donner du courage, était venue passer la nuit avec elle. Toutes les quatre étaient assises dans la dievitchia [1] avec la petite Aksioutka, et causaient.

— Et qui ira chercher de l'huile ? demanda Douniacha.

— Pour rien au monde je n'irais, fit d'un ton décidé la seconde servante.

— Voyons, vas-y avec Aksioutka.

— Moi j'irai bien toute seule, je n'ai pas peur, dit Aksioutka, qui se sentit aussitôt envahir par la peur.

— Eh bien ! va, petite vaillante, demandes-en à la babouchka Anna dans un verre et apporte-le sans le renverser, lui dit Douniacha.

1. C'est la chambre des servantes.

Aksioutka prit d'une main sa robe; comme ce mouvement l'empêchait de mettre ses deux bras en branle, elle fit aller deux fois plus vite, le long de son corps, sa main restée libre, et vola. Elle avait peur, elle sentait que si elle voyait ou entendait n'importe quoi, fût-ce sa propre mère, elle mourrait de terreur. Les yeux fermés, elle volait par le sentier qui lui était familier.

XIII

— La barinia dort-elle ou non? demanda soudain à Aksioutka une grosse voix de moujik.

Elle ouvrit les yeux qu'elle tenait fermés, et vit une silhouette qui lui sembla plus haute que la maison. Elle poussa un cri, fit volte-face et vola si vite que son jupon n'avait pas le temps de la suivre.

D'un seul bond elle était sur le perron; d'un autre dans la dievitchia. Là, avec un sanglot sauvage, elle se jeta sur le lit.

Douniacha, sa tante et la seconde servante

s'étaient raidies de frayeur. Elles n'avaient pas eu le temps de revenir à elles que des pas lourds, lents, incertains, résonnèrent dans le vestibule, puis tout près de la porte.

Douniacha, laissant tomber à terre le spousk, se précipita chez la barinia ; la seconde servante se cacha derrière un jupon accroché au mur ; la tante, plus courageuse, voulut d'abord tenir la porte ; mais celle-ci s'ouvrit et un moujik pénétra dans la chambre.

C'était Doutlov dans ses « bateaux ». Sans prendre garde à l'effroi des femmes, il chercha des yeux les icônes, et, n'ayant point remarqué la petite image qui se trouvait suspendue dans le coin gauche, il se signa devant le buffet garni de tasses ; il posa son bonnet sur l'appui de la fenêtre, puis fourrant sa main fort avant dans son touloupe, comme s'il eût voulu se gratter l'aisselle, il en retira une enveloppe avec cinq cachets de cire brune marqués d'une ancre.

La tante de Douniacha mit les deux mains sur sa poitrine; ce fut à grand'peine qu'elle put articuler :

— Que tu m'as fait peur, Semen !... Je ne puis dire un seul mot. Je pensais déjà que ma fin était venue...

— Peut-on se présenter de la sorte? dit la seconde servante en quittant l'abri de la jupe.

— Sans compter que tu as aussi troublé la barinia, dit Douniacha en sortant de derrière la porte. Pourquoi envahis-tu ainsi la dievitchia sans avertir? Voilà un vrai moujik!

Doutlov, sans s'excuser, répéta qu'il avait à voir la barinia.

— Elle n'est pas bien, répondit Douniacha.

En ce moment, Aksioutka éclata d'un rire si aigu, si intempestif, qu'elle fut obligée d'enfoncer de nouveau sa tête dans les oreillers du lit d'où, pendant toute une heure, malgré les menaces de Douniacha et de sa tante, elle ne put pas la sortir sans s'esclafer, comme si quelque chose se déchirait dans sa poitrine rose et ses joues rouges. Il lui semblait drôle que tout le monde eût eu une si belle peur; puis elle se cachait de nouveau le visage et, comme prise de convulsions, elle tortillait ses pieds et se secouait de tout son corps.

Doutlov s'arrêta, l'examina attentivement, comme pour se rendre compte de ce qui se passait en elle; mais, n'y comprenant rien, il se détourna et reprit son discours :

— Je viens pour une affaire très importante; dites-lui seulement qu'un moujik a trouvé la lettre avec l'argent.

— Quel argent?

Avant d'aller annoncer le moujik, Douniacha

lut l'adresse et demanda à Doutlov où et comment il avait trouvé la somme qu'Iliitch Polikey devait rapporter de la ville. Après avoir écouté tous les détails, et chassé dans le vestibule la petite servante, qui ne cessait pas de s'esclafer, Douniacha se rendit chez la barinia. Mais, au grand étonnement de Doutlov, la barinia refusa de le recevoir sans même dire pourquoi.

— Je ne sais rien, et ne veux rien savoir, avait-elle dit ; quel moujik ? quel argent ? Je ne peux ni ne veux voir personne. Qu'on me laisse tranquille !

— Mais qu'en vais-je faire ? s'écria Doutlov en tournant et en retournant l'enveloppe entre ses doigts. Il y a là beaucoup d'argent... Qu'y a-t-il d'écrit dessus ? demanda-t-il à Douniacha, qui lui lut l'adresse.

Doutlov était toujours hésitant : il espérait

que la somme n'était peut-être pas destinée à la barinia, et qu'on lui avait mal lu l'adresse ; mais Douniacha la lui répéta.

Il soupira, replaça l'enveloppe dans sa poitrine et s'apprêta à sortir.

— Il va falloir remettre cela au stanovoï [1], dit-il.

— Attends, je vais revenir à la charge, fit Douniacha qui avait suivi avec attention la disparition de l'enveloppe dans la poitrine du moujik. Donne-moi cette lettre.

Doutlov la retira de nouveau, mais sans la mettre tout de suite dans la main de Douniacha.

— Dis-lui que c'est Doutlov Semen qui l'a trouvée sur la route.

— C'est bien. Donne, mais donne donc !

— Je croyais d'abord que c'était une lettre

---

1. Commissaire de police.

sans importance ; mais un soldat m'a dit qu'elle contenait des valeurs...

— Oui ! oui ! mais donne vite !

— Et moi je n'osais pas rentrer au logis pour..., reprenait le moujik sans se dessaisir de la précieuse enveloppe. Dites-le lui bien.

Douniacha lui arracha la lettre des mains et retourna chez la barinia.

— Ah ! pour Dieu, Douniacha, fit la barinia d'un ton de reproche, ne me parle plus de cet argent !... Quand je me rappelle seulement ce pauvre petit enfant...

— Le moujik, Madame, ne sait pas à qui vous voulez qu'on remette cette somme.

La barinia ouvrit l'enveloppe ; elle tressaillit à la vue des billets et demeura pensive.

— C'est terrible, l'argent... que de maux il engendre ! disait-elle.

— C'est Doutlov, Madame. Lui ordonnez-vous de se retirer, ou bien voulez-vous le voir?... Est-ce que l'argent y est tout? demanda Douniacha.

— Je ne veux pas de cet argent; c'est de l'argent maudit. Voilà ce qu'il a fait... Dis-lui de le garder pour lui, dit la barinia en cherchant la main de Douniacha... Oui, oui, répéta-t-elle à la servante étonnée, qu'il le garde tout pour lui et qu'il en fasse ce qu'il voudra.

— Quinze cents roubles! remarqua Douniacha en souriant comme à un enfant.

— Qu'il garde tout! reprit la barinia impatientée. Est-ce que tu ne me comprends pas?... Cet argent est maudit, ne m'en reparle jamais. Que le moujik qui l'a trouvé le prenne pour lui. Eh bien! va, va donc.

Douniacha reparut dans la dievitchia.

— Le compte y est-il bien ? demanda Doutlov.

— Mais compte toi-même, répondit la jeune fille en lui tendant l'enveloppe. On m'a chargée de te la donner.

Doutlov mit son bonnet sous son bras et commença à compter.

— Y a-t-il le compte?

Doutlov crut que la barinia, ignorante, ne savait pas compter, et lui faisait demander de compter pour elle.

— Mais tu compteras à ta maison. C'est à toi, c'est ton argent, lui dit Douniacha avec impatience. « Je ne veux pas le voir, m'a-» t-elle dit, donne-le à celui qui l'a apporté. »

Doutlov, sans changer de position, fixa ses yeux sur Douniacha. La tante de Douniacha, frappant ses mains l'une contre l'autre, s'écria:

— Mes chères mères! voilà que Dieu lui donne du bonheur! mes chères mères!

La seconde servante n'en crut pas ses oreilles.

— Que dites-vous, Agafia Mikhaïlovna ? Est-ce que vous plaisantez ?

— Non, ce n'est pas une plaisanterie. On m'a chargée de tout donner au moujik... Eh! bien, prends cet argent, et va-t-en! dit Douniacha sans parvenir à cacher son dépit... A l'un la peine, à l'autre le bonheur.

— Ce n'est certes pas une plaisanterie, quinze cents roubles! dit la tante.

— Et même davantage! ajouta Douniacha. J'espère que tu vas brûler un cierge de dix kopeks au grand saint Nicolas, dit-elle d'un air moqueur... Eh bien! tu ne peux pas revenir à toi ?... Passe encore si pareille aubaine arrivait à un pauvre; mais lui, il avait déjà assez sans cela!

Doutlov comprit enfin que ce n'était pas

une plaisanterie. Il se mit à ramasser les billets pour les replacer dans l'enveloppe. Mais ses mains tremblaient, et il regardait toujours les jeunes filles pour se convaincre encore que c'était bien pour tout de bon.

— Vois donc, il ne peut revenir à lui, tant il est affolé par la joie, dit Douniacha, voulant montrer tout son mépris et pour le moujik et pour l'argent. Attends, je vais te le ramasser.

Elle allait joindre le geste à la parole, mais Doutlov l'en empêcha. Il chiffonna les billets dans ses mains, les fourra en tas au plus profond de son touloupe et prit son bonnet.

— Es-tu content?

— Eh! je ne sais plus que dire. C'est vraiment...

Il n'acheva pas. Il laissa retomber sa main, sourit, pleura presque, et sortit.

La petite sonnette retentit dans la chambre de la barinia.

— Eh bien ! lui as-tu donné ?...
— Oui.
— Est-il content ?
— Il en est devenu comme fou.
— Ah !... Rappelle-le ; je veux lui demander comment il l'a trouvé. Fais le venir ici ; je ne peux pas aller vers lui.

Douniacha courut, et trouva le moujik dans le vestibule.

Lui, sans remettre son bonnet, avait sorti sa bourse et la dénouait en se baissant, pendant qu'il tenait les billets entre ses dents ; il lui semblait peut-être que, tant qu'il ne l'aurait point serré dans sa bourse, cet argent ne serait pas à lui. Quand Douniacha le rappela, il prit peur.

— Quoi ! Avdotia... Avdotia Mikhaïlovna...

est-ce qu'elle voudrait me le reprendre? Défendez-moi, vous, au moins. Et, par Dieu, je vous apporterai du miel.

— C'est cela, apporte-m'en.

La porte s'ouvrit, et le moujik fut conduit auprès de la barinia. Il ne se sentait pas rassuré.

— Oh! si on allait me le reprendre! pensait-il.

En traversant les chambres, pour ne pas faire de bruit avec ses lapti, il relevait les pieds comme s'il eût marché dans l'herbe haute. Il n'y était plus, il ne distinguait rien de ce qui se passait autour de lui.

Il passa devant une glace. Il vit des fleurs, un moujik en lapti qui relevait ses pieds, un barine peint, avec un petit œil, une espèce de tonneau vert, puis quelque chose de blanc.

Tout à coup, ce « quelque chose de blanc »

se mit à parler. C'était la barinia. Il ne s'était rendu compte de rien. Il ne savait où il était; tout se présentait à lui comme dans un brouillard.

— C'est toi, Doutlov !

— C'est moi, Madame... je n'ai pas touché à l'enveloppe ; comme elle était, elle est restée, balbutia-t-il. Même, je ne suis pas trop content, Dieu le voit, car j'ai bien fatigué mon cheval.

— Eh bien ! tu as de la chance, dit-elle avec un sourire de bonté méprisante. Prends, garde tout pour toi.

Doutlov ne faisait qu'ouvrir ses yeux tout grands.

— Je suis heureuse que l'aubaine te soit échue à toi. Dieu veuille que tu t'en serves à bon usage !... Eh bien ! es-tu content ?

— Mais comment donc? Que je suis heureux, ma petite mère ! Je vais passer mon temps à prier Dieu pour vous. Je suis si heureux que, grâce à Dieu, notre barinia vive encore !

— Dis-moi, comment as-tu trouvé l'argent?

— C'est que, nous autres, nous avons toujours essayé de plaire à la barinia, de vivre honnêtement, et non pas...

— Voilà qu'il s'embrouille tout à fait, Madame, dit Douniacha.

— Je venais de mener mon neveu au recrutement ; et c'est en retournant que j'ai trouvé l'enveloppe sur la route. C'était sans doute Polikey qui l'avait perdue.

— C'est bien. Retire-toi, retire-toi : j'en suis bien aise.

— Que je suis heureux, ma petite mère ! disait toujours le moujik.

Il se rappela qu'il n'avait pas remercié et

qu'il manquait ainsi à son devoir. La barinia et Douniacha souriaient ; lui, il se remit à marcher comme dans l'herbe haute, à grand'-peine. Il se retenait pour ne pas courir, car il lui semblait toujours qu'on allait l'arrêter pour lui reprendre son argent.

XIV

Une fois dehors, sur l'herbe fraîche, Doutlov marcha du côté de la route, vers le petit tilleul; il ôta sa ceinture pour retirer sa bourse plus aisément, et y serra son argent. Ses lèvres remuaient, bien qu'aucun son n'en sortît, tandis qu'il refermait sa bourse et se receinturait. Puis il se signa, et s'en alla en zigzag par le sentier, comme ivre, tout entier aux pensées qui lui montaient au cerveau.

Il aperçut devant lui une silhouette de moujik qui venait de son côté. Il appela. C'était Efim qui, armé d'un grand bâton, montait la garde autour de la maison des dvorovi.

— Tiens, l'oncle Semen! dit Efim joyeusement en s'approchant de lui (il se sentait mal à son aise, tout seul). Eh bien ! avez-vous mené les recrues, petit oncle?

— Oui. Et toi, que fais-tu?

— On m'a laissé ici pour garder Iliitch, le suicidé.

— Où est-il?

— Là, dans le grenier. C'est là, dit-on, qu'il s'est pendu, répondit Efim en montrant du doigt, dans l'obscurité, le toit de la maison des dvorovi.

Doutlov regarda dans la direction de la main, et quoiqu'il n'eût rien vu, il fronça les sourcils, plissa son visage et hocha la tête.

— Le stanovoï est arrivé, m'a dit le cocher ; on va tantôt lever le corps, continua Efim...

Comme c'est effrayant, ces choses-là, la nuit! Pour rien au monde je n'irais là haut de nuit, si l'on m'en donnait l'ordre. Qu'Egor Mikhaïlovitch *me tue jusqu'à la mort* [1], je n'irai pas.

— Quel péché! Quel péché! répétait Doutlov, visiblement par convenance, et sans penser à ce qu'il disait.

Il allait poursuivre sa route, mais la voix d'Egor Mikhaïlovitch l'arrêta.

— Eh! garde, viens donc ici, criait Egor du perron.

Lorsque Efim eut répondu, Egor reprit :

— Quel est le moujik qui est avec toi?

— Doutlov.

— C'est toi, Semen? Viens aussi.

Doutlov, s'étant approché, distingua, à la

---

1. Locution populaire, tuer sur le coup.

lumière d'une lanterne que portait le cocher, Egor Mikhaïlovitch avec un petit fonctionnaire en casquette à cocarde et en manteau. C'était le stanovoï.

— Voilà, le vieux nous accompagnera aussi, dit Egor en l'apercevant.

Le vieillard en fut ennuyé, mais qu'y faire ?

— Et toi, Efim, toi qui es jeune, cours donc au grenier où il s'est pendu, arranger l'escalier, pour que Sa Noblesse y puisse passer.

Efim, qui « pour rien au monde ne serait allé à la maison des dvorovi », y courut aussitôt, en frappant le sol avec ses lapti, comme avec des morceaux de bois.

Le stanovoï battit le briquet et alluma sa pipe.

Il demeurait à deux verstes de là. Comme il venait d'être vertement tancé par l'ispravnik ¹ pour son ivrognerie, il traversait maintenant une crise de zèle. Arrivé à dix heures du soir, il voulut voir le pendu tout de suite.

Egor Mikhaïlovitch demanda à Doutlov comment il se trouvait ici. Tout en marchant, le vieillard raconta au gérant sa trouvaille, et l'usage qu'en avait fait la barinia. Il ajouta qu'il était venu demander la permission d'Egor Mikhaïlovitch.

Au grand effroi de Doutlov, le gérant lui demanda l'enveloppe et l'examina. Le stanovoï la prit à son tour entre ses mains et, d'un ton sec et bref, réclama des explications.

— Voilà mon argent perdu ! pensa Doutlov.

Il allait déjà s'excuser, lorsque le stanovoï lui rendit la somme.

— Quelle chance a ce lourdaud ! fit-il.

— Cela tombe bien pour lui, dit Egor Mi-

1 Commissaire central de police.

khaïlowitch, il vient de conduire son neveu au recrutement; il va maintenant le racheter.

— Ah !... fit le stanovoï, et il continua son chemin.

— Tu rachèteras Iliouchka? dit Egor Mikhaïlovitch.

— Et comment le racheter? Y aurait-il là assez d'argent? Et est-il encore temps?

— C'est ton affaire, répondit le gérant.

Et tous deux suivirent le stanovoï.

Ils s'approchèrent de la maison des dvorovi, dans le vestibule de laquelle les attendaient les gardes puants munis d'une lanterne. Doutlov entra aussi. Les gardes avaient un air coupable, qu'on ne pouvait guère attribuer qu'à la mauvaise odeur qu'ils dégageaient, car ils n'avaient rien fait de mal.

Tous gardaient le silence.

— Où?... demanda le stanovoï.

— Ici, dit à voix basse Egor Mikhaïlovitch... Efim, ajouta-t-il, toi qui es jeune, marche devant avec la lanterne.

Efim, qui venait de nettoyer l'escalier, semblait maintenant s'être délivré de toute épouvante. Il grimpa gaîment le premier, gravit deux ou trois degrés, puis se retourna et, levant sa lanterne, montra le chemin au stanovoï suivi d'Egor Mikhaïlovitch.

Lorsqu'ils eurent disparu, Doutlov, qui avait déjà posé un pied sur la première marche, poussa un soupir et s'arrêta. Deux minutes se passèrent. Les pas se perdirent dans le grenier. Sans doute ils étaient près du corps.

— Eh ! oncle Semen ! on t'appelle ! cria Efim par le trou. Doutlov gravit l'escalier. La lanterne qui éclairait le stanovoï et le gérant ne laissait voir que le haut de leur corps; derrière eux quelqu'un, vu de dos : c'était Polikey. Doutlov enjamba la porte, et, faisant le signe de la croix, il s'arrêta.

— Tournez-le, vous autres, disait le staroste.

Personne ne bougea.

— Efim, tu es jeune, lui dit Efim Mikhaïlovitch.

Le « jeune » enjamba la poutre, et tourna Iliitch ; de son air le plus gai, il montrait du regard tour à tour le pendu et les autorités, comme un barnum exhibant un albinos ou bien Julia Pastrana [1], et qui, regardant tantôt le public, tantôt le phénomène qu'il exhibe, est prêt à se rendre à tous les désirs des spectateurs.

— Tourne encore.

Iliitch tourna encore, agita faiblement ses bras, et laissa traîner ses pieds sur le sable.

1. Nom d'une femme à longue barbe, populaire en Russie.

— Prends-le, ôte-le.

— Ordonnez-vous de couper la corde? dit Egor Mikhaïlovitch. Donnez la hache, frères !

Il fallut renouveler par deux fois, aux gardes et à Doutlov, l'ordre de se mettre à l'œuvre, tandis que le « jeune » traitait Iliitch comme une charogne de mouton.

On finit par couper la corde, par ôter et recouvrir le corps. Le stanovoï annonça que le médecin viendrait le lendemain, et laissa partir tout le monde.

Doutlov, en remuant ses lèvres, se dirigea vers son logis. D'abord il ne se sentait pas bien ; mais à mesure qu'il approchait du village cette sensation désagréable se dissipait, et la joie envahissait de plus en plus son âme. On entendait, dans les rues, des refrains et des cris d'ivrognes. Doutlov, qui n'avait jamais bu, rentra directement chez lui, suivant son habitude.

Il était déjà tard quand il pénétra dans l'isba. Sa « vieille » dormait. Son fils aîné avec ses petits-fils étaient endormis sur le poêle, et son second fils dans le cabinet noir.

Seule, la baba d'Iliouchka veillait encore. Vêtue d'une chemise sale, qui n'était pas celle des fêtes, les cheveux dénoués, elle était assise sur le banc et sanglotait. Elle ne se leva point pour aller ouvrir à son oncle : elle se borna à hurler et à se lamenter encore plus fort en le voyant entrer dans l'isba. — Au dire de la vieille, elle se lamentait admirablement, quoiqu'elle fût toute jeune et n'eût pas encore beaucoup de pratique.

La vieille se leva et servit le souper à son mari. Doutlov éloigna de la table la baba d'Iliouchka.

— Assez ! assez ! lui dit-il.

Aksinia alla plus loin se coucher sur le banc, mais sans cesser de hurler. La vieille servit et desservit en silence; le vieux ne disait pas non plus une seule parole. Après avoir fait sa prière, il éructa, se lava les mains, décrocha du clou le *stchoti* [1], et passa dans le cabinet noir. Là, il murmura quelque chose à l'oreille de sa « vieille »; celle-ci sortit, et lui se mit à faire claquer les boulettes du stchoti. Puis on entendit un bruit de malle fermée, et Doutlov descendit dans son souterrain.

Quand il revint, il faisait noir dans l'isba ; la torche s'était éteinte.

Dans la soupente où elle s'était couchée, la vieille qui, dans la journée, ne faisait pas le moindre bruit, remplissait maintenant toute

1. Casier à calculer, d'un usage journalier en Russie.

l'isba de son ronflement. La bruyante baba avait aussi fini par s'endormir sur le banc, tout habillée, comme elle était, sans rien sous la tête, et l'on ne l'entendait même pas respirer.

Doutlov fit sa prière, jeta un regard sur la baba d'Iliouchka, hocha la tête, escalada le poêle et s'étendit à côté de son petit-fils. Dans l'obscurité, il laissa tomber d'en haut ses lapti, se coucha sur le dos et, les yeux ouverts, il écouta les cafards qui bruissaient sur le mur, les dormeurs qui soupiraient ou ronflaient, les animaux qui s'ébrouaient dans la cour.

Longtemps il ne put dormir.

La lune se leva, il se fit plus clair dans l'isba.

Doutlov remarqua dans le coin Aksinia, et quelque chose qu'il ne pouvait discerner : était-ce le caftan de son fils, un tonneau placé là par les babas, ou un être humain? Doutlov dormait-il ou non? Il se mit à examiner l'objet.... Sans doute le mauvais Esprit qui avait poussé Iliitch à son horrible action et dont la mâle influence s'était, cette nuit-là, appesantie sur tous les dvorovi, sans doute touchait-il de son aile jusqu'au village, jusqu'à l'isba de Doutlov, où se trouvait l'argent employé par *lui* à perdre Iliitch.

Du moins Doutlov *le* sentait ici. En proie à je ne sais quel malaise, il ne pouvait ni dormir, ni se lever. A la vue de cet objet dont il ne pouvait distinguer la nature, il se rappela Iliouchka, les deux mains liées derrière son dos, et les lamentations cadencées d'Aksinia, il se rappelait Polikey avec ses bras ballants...

Il lui sembla tout à coup que devant la fenêtre, au dehors, quelque chose venait de passer.

— Qu'est-ce donc? N'est-ce pas le staroste qui vient annoncer?... Mais comment a-t-il ouvert? pensait le vieillard en entendant des pas dans le vestibule. Peut-être ma vieille n'a-t-elle pas bien fermé ?

Le chien hurla dans la cour, et *lui*, *il* traversa le vestibule, puis, comme le raconta par la suite le vieillard, chercha la porte, dépassa le seuil, se mit à marcher le long du mur en tâtonnant, heurta un tonneau qui résonna, et de nouveau *il* se remit à tâtonner, comme s'il cherchait le loquet.

Voilà qu'*il* trouve le loquet. Le vieillard se sent un frisson dans tout le corps. Voilà qu'*il* saisit le loquet, et qu'*il* entre avec un visage humain.

Doutlov savait déjà que c'était *lui*. Il veut faire un signe de croix, mais il ne le peut. *Lui*, *il* s'approche de la table recouverte d'un tapis, le retire, le jette par terre, et s'élance sur le poêle.

Alors le vieillard reconnut qu'*il* avait pris la figure d'Iliitch. *Il* montrait ses dents; ses mains se balançaient; *il* escalada le poêle, fondit sur le vieillard et tenta de l'étrangler.

— C'est mon argent! dit Iliitch.

— Laisse-moi, je ne le ferai plus! voulut et ne put dire Semen.

Iliitch lui écrasait la poitrine de tout le poids d'une montagne entière. Doutlov savait qu'une prière *le* ferait lâcher prise, il savait quelle prière il fallait dire; mais cette prière, il ne pouvait l'articuler.

Son petit-fils qui dormait à côté de lui poussa un cri aigu et se mit à pleurer. Le grand-père le serrait contre le mur. Le cri de l'enfant délia la langue du vieillard.

— Que Dieu ressuscite! dit-il.

Lui lâcha prise un peu. Doutlov continua sa prière, *lui* descendit du poêle, et le veillard entendit le bruit de ses deux pieds frappant le plancher. Doutlov disait toutes les prières qu'il savait, l'une après l'autre.

Il se dirigea vers la porte, dépassa la table et fit battre si fort la porte derrière lui que toute l'isba en fut secouée. Tous continuèrent pourtant à dormir, sauf le grand-père et le petit-fils.

Doutlov priait toujours et tremblait de tous ses membres. L'enfant finit par se rendormir en pleurant et en se pressant contre son grand-père.

Tout se tut de nouveau. Doutlov restait étendu sans mouvement. Les coqs chantaient de l'autre côté du mur, au-dessous de son oreille. Il entendit les poules se remuer; les jeunes coqs s'essayaient à chanter comme les vieux, mais sans y arriver.

Quelque chose bougea dans les pieds du vieillard : c'était un chat. Il bondit du poêle par terre, sur ses pattes moelleuses, et s'en alla miauler auprès de la porte. Doutlov se leva, et ouvrit la fenêtre. Il faisait sombre et sale au dehors.

Il sortit en faisant le signe de la croix et gagna la cour où étaient les chevaux. On voyait que *le patron*[1] avait aussi passé par là. La jument, au-dessous de l'avant-toit, s'était embarrassée dans son licou; elle avait renversé le son, et, la jambe en l'air, la tête tournée, elle implorait son maître. Le poulain était tombé sur le fumier. Doutlov le remit sur ses pieds, délivra la jument, lui donna à manger et rentra dans l'isba.

La vieille se levait. Elle alluma la torche.

---

1. C'est ainsi que les moujiks appellent le mauvais esprit.

— Réveille les enfants. Je vais à la ville.

Ayant pris un cierge devant les icônes, il l'éclaira et descendit dans le souterrain. Quand il en revint, ce n'était plus seulement chez lui, mais chez tous les voisins que les lumières brillaient. Les jeunes gens étaient déjà levés et prêts à partir. Les babas sortaient et rentraient avec des seaux et des jattes de lait. Ignat attelait une charrette, le cadet graissait l'autre. La jeune femme ne hurlait plus; après s'être habillée et coiffée d'un fichu, elle s'était assise sur un banc, en attendant le moment d'aller à la ville faire ses derniers adieux à son mari.

Le vieux semblait plus renfrogné que d'habitude. Sans rien dire à personne, il passa son caftan neuf, se ceintura, et, prenant tout l'argent d'Iliitch, il se rendit chez Egor Mikhaïlovitch.

— Dépêche-toi donc! cria-t-il à Ignat qui faisait pivoter la roue sur le moyeu soulevé et graissé. Je vais revenir tout de suite, que tout soit prêt à mon retour.

Le gérant venait de se lever. Il prenait du thé et faisait lui-même ses préparatifs de départ pour la ville, où il devait livrer les recrues.

— Que veux-tu? demanda-t-il.

— Moi, Egor Mikhaïlovitch, je voudrais racheter mon petit. Faites-moi donc une grâce. Vous m'avez parlé ces jours-ci d'un remplaçant que vous connaissiez à la ville. Apprenez-moi comment je dois m'y prendre; pour moi, je n'y connais pas grand'chose.

— Eh bien! tu as réfléchi, alors.

— Oui, j'ai réfléchi, Egor Mikhaïlovitch. Ce serait pitié, c'est le fils de mon frère. Qu'il soit ceci ou cela, ce serait pitié tout de même...

Que de péchés il engendre, l'argent !... Faites-moi donc la grâce de me renseigner, dit-il en saluant jusqu'à terre.

Comme toujours en pareille occasion, Egor Mikhaïlovitch prit une mine absorbée, pinça ses lèvres, et, sans proférer une parole, il réfléchit à la chose. Puis il écrivit deux petits billets et expliqua ce qu'il aurait à faire à la ville.

Quand Doutlov revint à son logis, la jeune femme en était déjà partie avec Ignat, et la jument maigre, tout attelée, le ventre plein, attendait devant la porte cochère. Il arracha un bâton de la haie, se serra dans son caftan, monta dans la charrette et fouetta le cheval.

Doutlov le fit courir si vite que son ventre eût bientôt diminué. Il ne le regardait plus de peur de le plaindre. La crainte d'arriver trop tard, après l'immatriculation, le torturait...

Iliouchka serait pris comme soldat, et l'argent du diable resterait entre ses mains.

Je ne m'étendrai pas sur tout ce qui arriva à à Doutlov ce matin-là. Je dirai seulement que tout lui réussit à merveille. Chez le patron auquel l'adressait Egor Mikhaïlovitch, il trouva un remplaçant tout près, qui avait déjà dépensé vingt-trois roubles et que le conseil de révision avait déclaré bon pour le service.

Le patron demandait quatre cents roubles du remplaçant; l'acheteur, un mechtchanine[1] qui marchandait depuis trois semaines, n'en voulait donner que trois cents.

Doutlov conclut l'affaire en deux mots.

— Veux-tu vingt-cinq roubles en sus des trois cents qu'on t'offre? dit-il en lui tendant la main, mais visiblement disposé à donner encore davantage.

1. Petit bourgeois.

Le patron retira sa main et maintint son prix de quatre cents roubles.

— Tu ne veux pas pour vingt-cinq ? répéta Doutlov, qui saisit de sa main gauche la main droite du patron et menaça de toper avec sa main droite... Tu ne veux pas? Eh bien ! que Dieu t'assiste ! dit-il brusquement en frappant sur la main du patron et en se détournant d'un seul mouvemement de tout son corps... Eh bien ! soit. Je le prends à trois cent cinquante ; fais le reçu et amène le jeune homme. Et maintenant, voilà l'acompte. Est-ce assez de deux *rouges* [1].

Doutlov se déceintura et sortit l'argent.

Quoiqu'il ne retirât pas sa main, le patron semblait toujours fort peu décidé, et, sans prendre l'acompte, il réclamait encore des

1. Un billet *rouge* vaut 10 roubles.

pourboires et des rafraîchissements pour le remplaçant.

— Ne pèche pas, répétait Doutlov en lui donnnant la somme... Nous mourrons tous un jour, reprit-il d'une voix si douce, si évangélique, si assurée, que le patron dit :

— Eh bien ! soit !

Et ils topèrent encore une fois.

On réveilla le remplaçant, qui cuvait toujours son vin depuis la veille, on l'examina, et tous ensemble se rendirent au recrutement. Le remplaçant était fort gai ; il demanda du rhum, les Doutlov lui donnèrent de l'argent pour en acheter, et il ne s'intimida un peu qu'en pénétrant dans le vestibule du bureau militaire.

Là, le vieux patron en caftan bleu, et le remplaçant en touloupe court, ses arcades sourcilières relevées, ses yeux écarquillés, attendirent longtemps. Longtemps ils causèrent à voix basse ; ils demandaient quelque chose ou quelqu'un, ôtaient, je ne sais pourquoi, leurs bonnets devant chaque scribe, saluaient, et écoutaient d'un air absorbé la réponse que leur apportait le scribe connu du patron.

Déjà tout espoir était perdu de terminer aujourd'hui l'affaire, et le remplaçant recouvrait sa gaîté et son assurance, lorsque Doutlov aperçut soudain Egor Mikhaïlovitch. Il se cramponna aussitôt à lui, le salua et implora son aide.

Egor Mikhaïlovitch fit si bien que, vers les trois heures, le remplaçant étonné était, à son grand déplaisir, amené dans la salle du recrutement et soumis à la visite. Là, au milieu de l'hilarité qui, je ne sais pourquoi, gagnait tout le monde, du garde jusqu'au président, il fut déshabillé, rasé, rhabillé, et renvoyé. Cinq minutes après, Doutlov comptait l'argent, recevait la quittance, et, après avoir dit adieu au patron et au remplaçant, il se dirigeait vers la maison du marchand où étaient descendues les recrues de Pokrovsky.

Ilia était assis avec sa jeune femme dans un coin de la cuisine du marchand. En voyant entrer le vieillard, ils cessèrent de parler, et fixèrent sur lui leurs regards à la fois soumis et hostiles. Comme toujours, le vieux fit sa prière ; puis il se ceintura, prit un papier, et appela Ignat, son fils aîné, ainsi que la la mère d'Iliouchka, laquelle se trouvait dans la cour.

— Ne pêche pas, toi, Iliouchka, Iliouchka, dit-il en allant à son neveu. Hier soir, tu m'as dit un mot... Est-ce que je n'ai point de pitié pour toi ? Je n'ai pas oublié comment mon frère t'a confié à moi. T'aurais-je livré, si j'avais pu te racheter ?... Dieu m'a donné le bonheur, et je n'ai plus hésité. Le voilà, le papier ! fit-il en déposant sur la table la quittance dont ses doigts raidis essayaient d'effacer les plis.

Tous les moujiks de Pokrosvky, les employés du marchand, et jusqu'à des étrangers, pénétrèrent de la cour dans l'isba. Tous devinèrent de quoi il s'agissait, mais aucun n'interrompit les solennelles paroles du vieillard.

— Le voilà, le papier ! J'ai donné pour cela quatre cents roubles ! Ne fais donc pas de reproches à ton oncle !

Ilia se leva ; mais il garda le silence, ne sachant que dire. Ses lèvres tremblaient d'émotion. Sa vieille mère allait s'approcher de Doutlov et lui sauter au cou en sanglotant ; mais le vieillard, d'un geste lent et impérieux, l'écarta, et continua son discours.

— Tu m'as dit hier un mot. répéta-t-il

encore ; avec ce mot, tu m'as percé le cœur comme avec un couteau. C'est à moi que ton p ère te confia, je t'ai regardé comme mon fils ; si je t'ai offensé en quelque chose, c'est que chacun est exposé à pécher... Dis-je vrai, frères orthodoxes ? fit-il aux moujiks qui l'entouraient... J'en prends encore à témoin ta propre mère qui est ici, et ta jeune femme... Voilà pour vous la quittance. Que Dieu nous délivre de cet argent ! Et moi, pardonnez-moi, au nom du Christ !

Et Doutlov, ramenant sur sa poitrine un pan de son caftan, se laissa glisser lentement sur ses genoux, et salua jusqu'à terre Ilia et sa jeune femme. En vain les jeunes gens voulurent-ils le retenir ; ce ne fut qu'après avoir touché du front le sol, qu'il se releva, s'épousseta et s'assit sur le banc.

La mère et la jeune femme d'Iiouchka poussaient des hurlements de joie. La foule approuvait. « C'est justice ! disait une voix. — C'est une chose de Dieu, c'est bien ! disait un autre. — Qu'est-ce donc que l'argent ? faisait un troisième ; avec de l'argent, on ne peut pas acheter un homme, un travailleur ! — Quelle joie pour eux ! disait-on encore. Il n'y avait qu'un seul cri : « c'est un homme juste ! » Seuls, les moujiks désignés comme recrues gardaient le silence ; ils sortirent sans bruit de l'isba.

Deux heures après, les deux charrettes de Doutlov quittaient le faubourg de la ville.

Dans la première, attelée d'une jument maigre, au ventre rentré, au cou en sueur, se trouvait le vieux avec Ignat. A l'arrière ballotaient des paquets, une petite casserole, des pains et des *kalatchi*. [1]

1. Espèce de pains beurrés.

Dans la seconde charrette, que personne ne conduisait, avaient pris place, heureuses, portant haut la tête, un fichu noué dans les cheveux, la femme et la mère d'Ilia. La jeune baba dissimulait sous ses vêtements une bouteille de vodka. Iliouchka, le visage rouge, tournant le dos au cheval, s'était assis sur le devant, et mangeait du kalatch sans cesser de parler.

Et le bruit des voix, le roulement des charrettes sur le pavé, le souffle des chevaux, tout se fondait en une unique et joyeuse rumeur, les chevaux fouettaient l'air de leurs queues et, sentant qu'on prenait le chemin du logis, accéléraient leur course. Les passants à pied, à cheval et en voiture, se retournaient involontairement pour regarder cette heureuse famille.

Juste au sortir de la ville, les Doutlov rencontrèrent le convoi des recrues, qui s'étaient groupées en rond devant un cabaret. La casquette rejetée sur la nuque, un conscrit, avec cette expression artificielle que donne à l'homme une tête rasée, frappait gaîment un balalaïka ; un autre, sans bonnet, levant dans sa main une grande bouteille de vodka, dansait au millieu du cercle.

Ignat arrêta le cheval et descendit pour rajuster le trait. Tous les Doutlov, battant des mains et manifestant leur joie, regardèrent curieusement l'homme qui dansait. Le conscrit semblait ne voir personne, mais, devant ce public qui se pressait de plus en plus nombreux autour de lui, il se sentait redoubler d'entrain et d'habileté.

Il dansait à merveille. Ses sourcils étaient froncés, son visage coloré demeurait impassible, sa bouche se figeait en un sourire qui, depuis longtemps, avait perdu toute expression.

Il semblait que toutes les puissances de son âme tendissent uniquement à poser, le plus rapidement possible, un pied après l'autre, tantôt sur le talon, tantôt sur la pointe.

Parfois il s'arrêtait brusquement, et clignait de l'œil au joueur de balalaïka, qui, à ce signal, pinçait plus vivement toutes les cordes à la fois, frappant même le bois du revers de sa main. Le conscrit demeurait un moment immobile, tout en ayant l'air de danser encore : puis il recommençait à se mouvoir lentement, en balançant ses épaules, et soudain il s'enlevait du sol, retombait sur ses jarrets pliés et, sans changer de posture, dansait avec une clameur sauvage [1].

Les gamins poussaient des cris de joie, les femmes hochaient la tête, les hommes sou-

---

1. C'est la danse populaire, la Cosaque.

riaient et approuvaient. Un vieux sous-officier, qui se tenait tranquillement auprès du danseur, semblait dire :

— Cela vous étonne ! moi, je connais cela depuis longtemps !

Le joueur de balalaïka paraissait fatigué ; il regarda nonchalamment autour de lui, tira de son instrument un faux accord, frappa brusquement le bois avec le revers de sa main, et la danse finit.

— Eh ! Aliokha [1] ! dit le joueur de balalaïka au danseur en lui montrant Doutlov, voici ton parrain !

— Oui, mon cher ami, s'écria Aliokha, ce même conscrit acheté par Doutlov.

Et titubant à chaque pas sur ses pieds fatigués, élevant au-dessus de sa tête la bouteille de vodka, il marcha vers la charrette.

1. Diminutif d'Alexey.

— Michka! un verre! cria-t-il. Patron, mon cher ami, ah! quelle joie, ma foi! ajouta-t-il en donnant de sa tête ivre dans la charrette.

Il invita moujiks et babas à boire de la vodka avec lui. Les moujiks burent; les babas refusèrent.

— Mes amis, de quoi pourrais-je vous faire cadeau? sécriait Aliokha en étreignant le vieux.

Une marchande se trouvait là, dans la foule, avec son éventaire. Aliokha l'aperçut, lui arracha toute sa marchandise, et jeta le tout dans la charrette.

— N'aie pas peur!... Je... paie... rrr... ai, diable! fit-il d'une voix pleurarde.

Et sortant de sa poche une bourse pleine d'argent, il la jeta à Michka.

Il s'était accoudé à la charrette et, les yeux mouillés, dévisageait les Doutlov.

— Laquelle est la mère? demanda-t-il. N'est-ce pas toi? Je veux aussi te donner quelque chose.

Il resta songeur un instant, fouilla dans ses poches, trouva un fichu neuf plié, prit une serviette dont il était ceint par-dessous son manteau, ôta vivement de son cou un foulard rouge, fit du tout un paquet et le fourra sur les genoux de la vieille.

— Prends, je t'en fais cadeau, dit-il d'une voix qui devenait de moins en moins distincte.

— Mais pourquoi donc? je te remercie, mon fils. Quel simple garçon ! disait la vieille, en s'adressant au vieux Doutlov qui s'approchait de la charrette.

Aliokha se tut; étourdi, comme s'endormant, il laissait de plus en plus tomber sa tête sur sa poitrine.

— C'est pour vous que je pars, c'est pour

vous que je me perds... et c'est pourquoi je vous donne des cadeaux !

— Il a peut-être une mère, lui aussi ! fit quelqu'un dans la foule... Quel simple garçon ! Malheur !

Aliokha releva la tête :

— Oui, j'ai une mère, dit-il, et un père aussi... Ils ne veulent plus me connaître... Ecoute-moi, vieille ! ajouta-t-il en saisissant par la main la mère d'Iliouchka. Je t'ai fait un présent, écoute-moi, par N.-S. J.-C. ! Va-t-en dans le village de Vodnoïé, demande la femme de Nikon ; c'est elle qui est ma mère. Entends-tu ? Et dis à cette vieille, à la vieille de Nikon, la troisième isba du coin, près du nouveau puits... Dis-lui qu'Aliokha, son fils... par conséquent... Musicien, recommence... ! vociféra-t-il.

Et il se remit à danser, en murmurant

quelque chose, et en jetant par terre la bouteille avec le reste de vodka.

Ignat remonta dans la charrette. Il allait toucher les chevaux.

— Adieu! que Dieu te garde!... fit la vieille en fermant sa chouba.

Aliokha s'arrêta tout à coup.

— Allez tous au diable! hurla-t-il en les menaçant de son poing! Que ce soit ta mère[1]!...

— Oh! mon Dieu! murmura la mère d'Iliouchka en se signant.

Ignat fouetta la jument, et les charrettes se remirent à rouler. Alexey — le conscrit — tenait le milieu de la route et, les poings serrés, avec une expression de colère sur son visage, il injuriait les moujiks de toute la force de ses poumons.

---

1. Juron inachevé et intraduisible. (Tecum coeat mater tua.)

— Pourquoi vous arrêtez-vous? Marchez donc, mangeurs d'hommes! criait-il. Tu ne m'échapperas pas, mille diables!...

La voix lui manqua, et il tomba de tout son haut sur le sol, comme fauché.

Bientôt les Doutlov furent dans les champs. Ils se retournèrent : les recrues avaient disparu. Après avoir fait cinq verstes au pas, Ignat descendit de la charrette de son père, où le vieillard venait de s'endormir, et marcha à côté de celle d'Iliouchka. Ils vidèrent ensemble un flacon de vodka acheté à la ville. Un peu plus loin, Ilia se mit à chanter, et les babas l'accompagnèrent. Ignat, de la voix, battait allègrement la mesure de la chanson.

Vivement, à leur rencontre, courait une jolie troïka; le cocher, d'un air dégagé, leur cria de se garer; quand il fut à côté des deux joyeuses charrettes, le postillon se retourna, cligna de l'œil el d'un geste montra les rouges figures des moujiks et des babas qui, parmi les cahots, continuaient leur chanson.

UNE TOURMENTE DE NEIGE

I

Vers sept heures du soir, après avoir bu du thé, je quittai le relais. J'ai oublié son nom, mais c'était, je m'en souviens, dans le territoire des Kosaks du Don, près de Novotcherkask.

Il commençait déjà à faire nuit lorsque, me serrant dans ma chouba et m'abritant sous le tablier, je m'assis à côté d'Aliochka dans le traîneau. Derrière la maison du relais, il semblait qu'il fît doux et calme. Quoiqu'on ne vît pas tomber la neige, pas une étoile n'apparaissait, et le ciel bas pesait, rendu plus noir par le contraste, sur la plaine blanche de neige qui s'étendait devant nous.

A peine avions-nous dépassé les indécises silhouettes de moulins dont l'un battait gauchement de ses grandes ailes, et quitté le village, je remarquai que la route devenait de plus en plus malaisée et obstruée de neige. Le vent se mit à souffler plus fort à ma gauche, éclaboussant les flancs, la queue et la crinière des chevaux, soulevant sans répit et éparpillant la neige déchirée par les patins du traîneau et foulée par les sabots de nos bêtes.

Leurs clochettes se moururent. Un petit courant d'air froid, s'insinuant par quelque ouverture de la manche, me glaça le dos, et je me rappelai le conseil que le maître de poste m'avait donné de ne point partir encore, de peur d'errer toute la nuit et de geler en route.

— N'allons-nous pas nous perdre ? dis-je au yamchtchik.

Ne recevant pas de réponse, je lui posai une question plus catégorique :

— Yamchtchik, arriverons-nous jusqu'au prochain relais ? Ne nous égarerons-nous pas ?

— Dieu le sait ! me répondit-il sans tourner la tête. Vois comme la tourmente fait rage ! On ne voit plus la route. Dieu ! petit père !

— Mais dis-moi nettement si, oui ou non, tu espères me conduire au prochain relais, repris-je ; y arriverons-nous ?

— Nous devons y arriver... dit le yamchtchik.

Il ajouta quelques paroles que le vent m'empêcha d'entendre.

Retourner, je ne le voulais pas ; mais, d'un autre côté, errer toute la nuit, par un froid à geler, en pleine tourmente de neige, dans une steppe dénudée comme l'était cette partie du territoire des Kosaks du Don, cela manquait de gaîté.

De plus, quoique, dans cette obscurité, je ne pusse pas bien examiner le yamchtchik, je ne sais pourquoi il me déplaisait et ne m'inspirait pas la moindre confiance. Il était assis au milieu du traîneau ; sa taille était trop haute, sa voix trop nonchalante, son bonnet, un grand bonnet dont le sommet ballotait, n'était point d'un yamchtchik ; il stimulait ses chevaux, non point à la manière usitée, mais en tenant les guides dans les deux mains et comme un laquais qui aurait pris la place du cocher; et surtout ses oreilles qu'il cachait sous un foulard... Bref, il ne me plaisait guère, et ce dos rébarbatif et voûté que je voyais devant moi ne me présageait rien de bon.

— Pour moi, dit Aliochka, il vaudrait mieux

retourner ; il n'y a rien d'amusant à s'égarer.

— Dieu ! Petit père ! vois-tu quelle tourmente ? On ne voit plus trace de route. Ça vous aveugle les yeux... Dieu ! Petit père ! grognait le yamchtchik.

Un quart d'heure ne s'était pas encore écoulé, lorsque le yamchtchik arrêta ses chevaux, confia les guides à Aliochka, retira gauchement ses jambes de son siège, et, faisant craquer la neige sous ses grandes bottes, se mit en quête de la route.

— Eh bien ! où vas-tu ? Nous nous sommes donc perdus ? lui criai-je.

Mais le yamchtchik ne me répondit pas ; il détourna son visage pour l'abriter du vent qui lui frappait dans les yeux, et s'en alla à la découverte.

— Eh bien ! quoi ? as-tu trouvé ? lui dis-je, lorsqu'il fut de retour.

— Rien! me répondit-il brusquement, avec une impatience nuancée de dépit, comme s'il avait perdu la route par ma faute.

Et, glissant lentement ses grandes jambes dans sa chancelière, il disposa les guides dans ses moufles gelées.

— Qu'allons-nous faire, maintenant? demandai-je lorsque nous nous fûmes remis en route.

— Et que faire? Allons où Dieu nous poussera.

Nous recommençâmes à courir du même petit trot, tantôt sur la croûte glacée qui craquait, tantôt sur la neige qui s'éparpillait et qui, en dépit du froid, fondait presque aussitôt sur le cou. Le tourbillon d'en bas allait toujours en augmentant, et d'en haut commençait à tomber une neige rare et sèche.

Il était clair que nous allions Dieu savait où, car, après un quart d'heure de marche, nous n'avions pas rencontré une seule borne de verste.

— Eh bien ! qu'en penses-tu ? fis-je au yamchtchik. Arriverons-nous jusqu'au relais ?

— Auquel ? Nous regagnerons celui que nous venons de quitter, si nous laissons les chevaux libres ; ils nous ramèneront. Quant à l'autre, c'est peu probable, et nous risquons de nous perdre.

— Eh bien ! retournons alors, dis-je, puisque...

— Retourner, alors ? répéta le yamchtchik.

— Mais oui ! mais oui ! retourner.

Il rendit les brides, et les chevaux coururent plus vite. Quoique je n'eusse point senti le traîneau tourner, le vent changea ; bientôt, à travers la neige, nous aperçûmes des moulins.

Le yamchtchik recouvra un peu d'énergie et se mit à causer.

— Il n'y a pas longtemps, disait-il, c'était aussi par une tourmente, ils venaient de l'autre relais, et ils se virent obligés de coucher dans les meules,... Ils ne furent rendus que le matin... Il est heureux encore qu'ils aient trouvé des meules, car autrement ils se seraient tous gelés : il faisait un froid!... Songez que, malgré les meules, un d'eux s'est gelé les pieds et qu'il est mort en trois semaines.

— Mais à présent, le froid est supportable, il fait plus doux, fis-je : on pourrait peut-être aller.

— Doux, oui, il fait doux, mais la tourmente !... Maintenant que nous lui tournons le dos, elle nous semble moins terrible, mais elle fait rage toujours. On pourrait l'affronter avec un *coullier* [1] ou quelque autre, parti à ses

. Pour courrier.

risques et périls ; car ce n'est pas peu de chose que de geler son voyageur : comment pourrais-je répondre de Votre Honneur ?

II

En ce moment on entendit derrière nous les clochettes de plusieurs troïkas : elles nous eurent bientôt rejoints.

— C'est la cloche des coulliers, dit mon yamchtchik, il n'y en a qu'une seule de ce genre au relais.

La cloche de la première troïka rendait en effet un son remarquablement joli. Le vent nous l'apportait très clairement, pur, sonore, grave et légèrement tremblée. Comme je l'appris par la suite, c'était une invention de chasseur : trois clochettes, une grande au milieu, avec un son qu'on appelle *cramoisi*[1], et deux petites, choisies dans la tierce. Cet accord de tierces et de quinte tremblée qui résonnaient dans l'air était d'un effet singulièrement saisissant et d'une étrange beauté au milieu de cette steppe solitaire et désolée.

— C'est la poste qui court, dit mon yamchtchik, quand la première troïka fut à côté de nous... Et dans quel état se trouve la route ? Peut-on passer ? cria-t-il au dernier des yamchtchiks.

Mais celui-ci stimula ses chevaux sans répondre.

Les sons de la cloche s'éteignirent brusquement, emportés par le vent, aussitôt que la poste nous eût dépassés.

Sans doute mon yamchtichk éprouva quelque honte :

1. Traduction littérale.

— Et si nous allions, barine ? me dit-il. D'autres y ont bien passé. Et d'ailleurs leur trace est toute fraîche.

J'y consens ; nous faisons de nouveau face au vent, et nous glissons en avant dans la neige profonde. J'examine la route par côté, pour ne point perdre la trace laissée par les traîneaux de poste.

Pendant deux verstes, cette trace apparaît visiblement ; puis je ne remarque plus qu'une légère inégalité à l'endroit où ont mordu les patins. Bientôt il me devient impossible de rien distinguer : est-ce la trace des traîneaux ? Est-ce tout simplement une couche de neige amoncelée par le vent ? Mes yeux se fatiguent de cette fuite monotone de la neige sur les arbres, et je me mets à regarder droit devant moi.

La troisième borne de verste, nous la

voyons encore, mais la quatrième se dérobe. Et, comme auparavant, nous allons dans le vent et contre le vent, à droite et à gauche, nous égarant si bien, que le yamchtchik prétend que nous sommes fourvoyés à droite, moi je soutiens que c'est à gauche, tandis qu'Aliochka démontre que nous tournons le dos au but.

A plusieurs reprises nous nous arrêtons. Le yamchtchik dégage ses grands pieds et part à la recherche de la route, mais sans succès. Moi-même je me dirige du côté où je pensais la retrouver ; je fais six pas contre le vent, et j'acquiers la certitude que partout la neige étend ses blanches couches uniformes, et que la route n'existait que dans mon imagination.

Je me retournai : plus de traîneau.

Je me mis à crier : « Yamchtchik ! Aliochka ! » mais je sentais que ces cris, à peine sortis de ma bouche, le vent aussitôt les emportait quelque part dans le vide. Je courus à l'endroit où j'avais laissé le traîneau : il n'était plus là. J'allai plus loin, rien. Je rougis de me rappeler le cri désespéré, suraigu, que je poussai encore une fois : « Yamchtchik ! » tandis que le yamchtchik était à deux pas. Il surgit tout à coup devant moi, avec sa figure noire, un petit knout, son grand bonnet incliné sur le côté, et me conduisit au traîneau.

— Estimons-nous heureux qu'il fasse doux, dit-il; car s'il gelait, malheur à nous !... Dieu ! Petit père !...

— Laisse aller les chevaux, ils nous ramèneront, dis-je en remontant dans le traîneau. Nous ramèneront-ils, eh ! yamchtchik ?

— Mais sans doute.

Il lâcha les guides, fouetta trois fois de son

knout le *korennaïa*[1], et nous partîmes au hasard. Nous fîmes ainsi une demi-lieue.

Soudain, devant nous, retentit le son bien connu de la clochette de chasseur. C'étaient les trois troïkas de tout à l'heure, qui venaient maintenant à notre rencontre; elles avaient déjà rendu la poste, et s'en retournaient au relais, avec des chevaux de rechange attachés par derrière.

La troïka du courrier, dont les grands chevaux faisaient sonner la sonnette de chasseur, volait en tête. Le yamchtchik gourmandait ses chevaux avec entrain. Dans le traîneau du milieu, maintenant vide, s'étaient assis deux autres yamchtchiks, qui parlaient gaiement et à voix haute. L'un d'eux fumait la pipe; une étincelle qui pétilla au vent éclaira une partie de son visage.

1. Cheval du milieu.

En le regardant, je me sentis honteux d'avoir peur, et mon yamchtchik eut sans doute la même impression, car nous dîmes tous deux en même temps : « Suivons-les ! »

III

Sans même laisser passer la troisième troïka, mon yamchtchik tourna, mais si gauchement qu'il heurta du brancard les chevaux attachés.

Trois de ceux-ci, faisant un saut de côté, rompirent leur longe et s'échappèrent.

— Vois-tu ce diable louche, qui ne voit pas où il conduit... sur les gens ! Diable !... cria d'une voix enrouée et chevrotante un yamchtchik vieux et petit, autant que j'en pus juger d'après sa voix et son extérieur, celui qui conduisait la troïka de derrière.

Il sortit vivement du traîneau et courut après les chevaux, tout en continuant de proférer contre mon yamchtchik de grossières et violentes injures.

Mais les chevaux n'étaient pas d'humeur à se laisser prendre. Un instant après, yamchtchiks et chevaux avaient disparu dans le blanc brouillard de la tourmente.

La voix du vieux retentit.

— Wassili-i-i!... amène-moi l'isabelle, car autrement on ne les rattra-a-apera pas!

Un de ses compagnons, un gars de très haute taille, sauta du traîneau, détacha et monta un des chevaux de sa troïka, puis, faisant craquer la neige, disparut au galop dans la même direction.

Nous, cependant, avec les deux autres troïkas, nous suivîmes celle du courrier qui, sonnant de sa clochette, courait en avant d'un trot relevé, et nous nous enfonçâmes dans la plaine sans route.

— Oh oui ! il les rattrapera, dit mon yamchtchik, en parlant du vieux qui s'était jeté à la poursuite des chevaux échappés... S'il ne les a pas encore rejoints, c'est que ce sont des chevaux emballés, et ils l'entraîneront à tel endroit que... il n'en sortira pas !

Depuis que mon yamchtchik trottait derrière la poste, il devenait plus gai et plus expansif; et moi, n'ayant pas encore envie de dormir, je m'empressai d'en profiter.

Je me mis à le questionner : d'où venait-il ? qui était-il ? J'appris bientôt qu'il était de mon pays, du gouvernement de Toula. C'était un serf du village de Kirpitchnoïé. Le peu de terre qu'il y possédait ne rapportait presque plus rien depuis le choléra. Il avait deux frères, le plus jeune était soldat. Ils n'avaient de pain que jusqu'à la Noël, et travaillaient comme ils pouvaient pour vivre. Le cadet, marié, dirigeait la maison. Quant à mon yamchtchik, il était veuf. Chaque année, il venait de leur village des *artels*[1] de yamchtchiks. Lui n'avait jamais auparavant fait ce métier, et c'était pour venir en aide à son frère qu'il s'était engagé à la poste. Il vivait là, grâce à Dieu, pour cent vingt roubles en papier par an, dont cent qu'il envoyait à sa famille... Cette vie lui conviendrait assez : « Seulement, les coulliers sont trop méchants, et le monde est toujours à gronder par ici. »

— Pourquoi donc m'injuriait-il, ce yamchtchik-là ? Dieu ! Petit père ! Est-ce que je les lui ai fait partir exprès, ses chevaux ? Suis-je donc un brigand ? Pourquoi est-il allé à leur poursuite ? ils seraient bien revenus tout seuls... Il fatiguera ses chevaux et se perdra lui-même, répétait le petit moujik de Dieu.

1. Artel (association coopérative).

— Qu'est-ce donc qui noircit, là-bas? demandai je en remarquant un point noir dans le lointain.

— Mais c'est un *oboze*[1]. Voilà comment il fait bon marcher, continua-t-il quand nous arrivâmes plus près des grandes charrettes, couvertes de bâches et roulant à la file... Regarde donc, on ne voit pas un homme, tous dorment. Le cheval intelligent sait lui-même où il faut aller ; rien ne le ferait dévier... Et nous aussi, fit-il, nous connaissons cela.

Le spectacle était étrange, de ces immenses charrettes, entièrement recouvertes de bâches, et blanches de neige jusqu'aux roues, et qui marchaient toutes seules. Dans la première charrette seulement, deux doigts soulevèrent un peu la bâche neigeuse; un bonnet en sortit

---

1. Convoi de traîneaux ou de charrettes.

quand nos clochettes résonnèrent auprès de l'oboze.

Un grand cheval pie, le cou allongé, le dos tendu, s'avançait d'un pas égal sur la route unie ; il balançait, sous la *douga*[1] blanchie, sa tête et sa crinière épaisse ; quand nous fûmes à côté de lui, il dressa l'une de ses oreilles que la neige avait obstruée.

Après avoir roulé une demi-heure, le yamchtchik se tourna vers moi.

— Eh bien ! qu'en pensez-vous, barine ? Marchons-nous bien droit ?

— Je ne sais pas, répondis-je.

— Le vent soufflait d'abord par ici, le voilà maintenant par là... Non, nous n'allons pas du bon côté, nous errons encore, conclut-il d'une voix tout à fait tranquille.

---

1. Pièce de bois recourbée qui joint les deux brancards par-dessus la tête du cheval.

On voyait que, malgré sa peur, il se sentait pleinement rassuré — en compagnie la mort est belle — depuis que nous allions en nombre ; et puis, il ne conduisait plus, il n'avait plus charge d'âmes. C'était de son air le plus calme qu'il relevait les erreurs des yamchtchiks, comme si la chose ne l'eût pas du tout regardé.

Je remarquai effectivement que parfois la troïka de tête m'apparaissait de profil, tantôt à gauche, tantôt à droite ; il me parut même que nous tournions sur un petit espace. Du reste, ce pouvait être une pure illusion de mes sens ; c'était ainsi qu'il me semblait parfois que la première troïka montait ou descendait une pente, alors que la steppe était partout uniforme.

Au bout de quelque temps, je crus apercevoir au loin, sur l'horizon, une longue ligne noire et mouvante, et bientôt je reconnus clairement ce même oboze que nous avions dépassé. La neige couvrait toujours les roues bruissantes, dont quelques-unes ne roulaient plus ; les gens dormaient toujours sous les bâches, et le premier cheval, élargissant ses narines, flairait la route et dressait l'oreille comme tantôt.

— Vois-tu comme nous avons tourné sur place ? Nous voici revenus au même point, dit mon yamchtchik mécontent. Les chevaux des coulliers sont de bons chevaux, ils peuvent les fatiguer ainsi sans but, tandis que les nôtres seront certainement fourbus, si nous marchons de la sorte toute la nuit.

Il toussota.

— Retirons-nous donc, barine, de cette compagnie.

— Pourquoi ? Nous arriverons bien quelque part.

— Où donc arriverons-nous ? Nous allons passer la nuit dans la steppe... Vois comme cela tournoie !

J'étais surpris que, bien qu'ayant visiblement perdu la route et ne sachant plus où il allait, le yamchtchik de tête, loin de rien faire pour se retrouver, poussât des cris joyeux sans ralentir sa course, mais je ne voulais pas les quitter.

— Suis-les ! dis-je.

Mon yamchtchik obéit, mais en stimulant son cheval avec encore moins d'entrain qu'auparavant ; et il n'engagea plus de conversation.

IV

Cependant la tourmente devenait de plus en plus forte. D'en haut la neige tombait aussi, sèche et menue. Il commençait, semblait-il, à geler ; un froid plus vif piquait le nez et les joues ; plus fréquemment, sous la chouba, s'insinuait un petit courant d'air glacé, et bien vite nous nous serrions dans nos fourrures. Parfois le traîneau heurtait contre de petites pierres nues et gelées, d'où la neige avait été balayée.

Comme j'en étais à ma sixième centaine de verstes sans m'être arrêté une seule fois pour coucher, et bien que l'issue de notre fourvoiement m'intéressât fort, je fermai les yeux malgré moi et je m'assoupis. Une fois, en ouvrant la paupière, je fus frappé, à ce qu'il me sembla d'abord, par une lumière intense qui éclairait la plaine blanche; l'horizon s'était élargi, le ciel bas et noir disparut tout à coup; je voyais les raies blanches et obliques de la neige tremblante; les silhouettes des troïkas de l'avant apparaissaient plus nettement. Je regardai en haut, les nuages semblaient s'être dispersés, et la neige tombante couvrait entièrement le ciel.

Pendant que je dormais, la lune s'était levée; à travers la neige et les nuages transparents, sa clarté brillait, froide et vive. Je ne voyais distinctement que mon traîneau, mes chevaux, le yamchtchik et les trois troïkas; dans la première, celle du courrier, se tenait toujours, assis sur le siège, un seul yamchtchik qui menait au trot rapide ; deux yamchtchiks occupaient la seconde, lâchant les guides et se faisant un abri de leurs caftans, ils ne cessaient point de fumer la pipe, à en juger d'après les étincelles. On n'apercevait personne dans la troisième troïka; le yamchtchik dormait évidemment au milieu.

Lorsque je me réveillai, je vis pourtant le premier yamchtchik arrêter ses chevaux et se mettre en quête de la route. Nous fîmes halte. Le vent grondait avec plus de violence ; une masse effroyable de neige tourbillonnait dans l'air. La lueur de la lune, voilée par la tourmente, me montrait la petite silhouette du yamchtchik qui, un grand knout à la main, sondait devant lui la neige, puis, après des allées et venues, se rapprochant du traîneau dans l'obscure clarté, se remettait d'un bond sur son siège; et de nouveau j'entendis, dans le souffle monotone du vent, les cris aigus du postillon et le tintement des clochettes.

Toutes les fois que le yamchtchik de la première troïka partait à la recherche de la route ou de meules, une voix dégagée s'élevait du second traîneau; c'était l'un des deux yamchtchiks qui lui criait à tue-tête :

— Ecoute, Ignachka [1] ! on a tourné trop à gauche, prends donc à droite !

Ou bien :

— Qu'as-tu donc à tourner sur place ? Cours sur la neige telle qu'elle, et tu arriveras pour sûr.

Ou encore :

— Va donc à droite, à droite, mon frère ! Vois-tu là-bas ce point noir ? c'est sans doute une borne.

1. Diminutif d'Ignat.

Ou :

— Peut-on s'égarer de la sorte ? Pourquoi t'égares-tu ? Détèle donc le pie et laisse-le aller en avant, il te ramènera certainement sur la route, et cela vaudra beaucoup mieux.

Quant à dételer son propre cheval, quant à chercher lui-même la route par la neige, il s'en serait bien gardé ; il ne mettait même pas le nez hors de son caftan Et lorsque, en réponse à un de ses conseils, Ignachka lui cria de passer devant, puisqu'il savait de quel côté se diriger, le conseilleur riposta que, s'il avait eu avec lui des chevaux de coullier, il serait en effet allé en avant et qu'il aurait certainement retrouvé la route, « tandis que mes chevaux, ajouta-t-il, ne marcheraient pas en tête pendant la tourmente : ce ne sont point des chevaux à cela.

— Alors ne m'ennuie pas davantage, répondit Ignachka, en sifflant gaiement ses chevaux.

Le second moujik, assis dans le traîneau avec le conseiller, n'adressait pas une seule parole à Ignachka et ne se mêlait en rien de cette affaire, bien qu'il ne dormît pas encore, à en juger par sa pipe inextinguible et par la conversation cadencée et ininterrompue que j'entendais pendant les haltes. Il racontait un conte.

Une fois seulement, comme Ignachka s'arrêtait pour la sixième ou septième fois, il manifesta son dépit de voir interrompre le plaisir de la course.

— Eh! lui cria-t-il. Qu'as-tu à t'arrêter encore? Crois-tu qu'il veut trouver le chemin?... Une tourmente, on te dit! A cette heure, l'arpenteur lui-même ne découvrirait pas la route. Il vaudrait mieux aller tant que nos chevaux nous porteront. Faut espérer que nous ne gêlerons pas jusqu'à la mort. Va toujours.

— C'est cela ! Et le postillon qui, l'an dernier, a gelé jusqu'à la mort? répondit mon yamtchtchik.

Celui de la troisième troïka dormait toujours. Une fois, pendant un arrêt, le conseiller le héla :

— Philippe ! Eh ! Philippe !

Et, ne recevant pas de réponse, il remarqua :

— Ne se serait-il pas gelé? Ignachka, tu devrais aller voir.

Ignachka, qui trouvait du temps pour tout, s'approcha du traîneau et secoua le dormeur.

— Voilà dans quel état l'a mis une seule bouteille de vodka... Si tu es gelé, dis-le alors? fit-il en le secouant de plus belle.

Le dormeur poussa un grognement entrecoupé d'injures.

— Il vit, frères, dit Ignachka, qui revint prendre sa place en avant et de nouveau fit trotter ses bêtes, et même si rapidement que le petit cheval de gauche de ma troïka, sans cesse fouetté sur la croupe, tressautait souvent d'un petit galop maladroit.

V

Il devait être à peu près minuit, lorsque le petit vieux et Wassili revinrent avec les chevaux. Comment avaient-ils pu les rattraper, au milieu d'une steppe dénudée, par une tourmente aussi sombre ? C'est ce que je n'ai jamais pu comprendre.

Le petit vieux, agitant ses coudes et ses jambes, trottait sur le korennaïa [1]. Il avait attaché à la bride les autres chevaux. Quand nous fûmes de front, il recommença à injurier mon yamchtchik.

[1]. Les trois chevaux d'une troïka s'appellent : celui du milieu, *korennaïa*, les deux de flanc *pristiajnaïa*.

— Vois-tu ce diable louche ? Vrai !

— Eh ! oncle Mitritch ! cria le conteur du second traîneau. Es-tu vivant ? Viens près de nous.

Mais le vieux était trop occupé à dévider ses injures pour répondre. Lorsqu'il lui sembla que le compte y était, il s'approcha du second traîneau.

— Tu les as donc rattrapés ? lui demanda-t-on ?

— Et comment donc ? Certainement !

On le vit abaisser sa poitrine sur le dos du cheval, puis il sauta sur la neige, courut au traîneau sans s'arrêter et s'y laissa tomber en enjambant le rebord.

Le grand Wassili reprit, sans mot dire, sa place dans le traîneau de tête avec Ignachka et l'aida à chercher la route.

— Est-il mal embouché ! Dieu ! Petit père !

Longtemps, longtemps nous glissons sans nous arrêter à travers ces déserts blancs, dans la clarté froide, transparente et vacillante de la tourmente. J'ouvre les yeux, toujours ce même bonnet grossier et ce dos couverts de neige, et cette même douga basse, sous laquelle, entre le cuir des brides, se balance, toujours à la même distance, la tête du korennaïa, avec sa crinière noire que le vent soulève à temps égaux d'un seul côté. Par delà le dos, à droite, apparaît toujours le même pristiajnaïa bai, à la queue nouée court, et le palonnier qui frappe régulièrement le traîneau. En bas, toujours la même neige fine que les patins déchirent, et que le vent, qui la balaye obstinément, emporte toujours de mon côté. En avant, courent toujours les mêmes troïkas. A droite et à gauche, tout est blanc, tout file devant les yeux.

C'est en vain que l'œil cherche un objet nouveau : pas une borne, pas une meule, rien, rien. Tout est blanc partout, blanc et immobile. Tantôt, l'horizon paraît indéfiniment reculé, tantôt il se resserre à deux pas. Tantôt un mur blanc et haut surgit subitement à droite et court le long du traîneau, tantôt il disparaît pour reparaître à l'avant; il fuit, il fuit et de nouveau s'évanouit.

Regardes-tu en l'air, il te semble voir clair au premier moment, et qu'à travers le brouillard les petites étoiles scintillent. Mais les petites étoiles s'enfuient plus haut, plus haut, loin de ton regard, et tu ne vois plus que la neige qui tombe sur ton visage et sur le col de ta chouba. Immobile et uni, le ciel est partout clair et blanc, sans couleur.

On dirait que le vent change de direction. Tantôt soufflant de face, il remplit les yeux de neige ; tantôt soufflant de biais, il rabat rageusement sur la tête le col de la chouba, et, comme par moquerie, en soufflète le visage ; ou bien il chante par derrière dans quelque fissure. On entend les craquements légers et continus des sabots et des patins, et le tintement mourant des clochettes, alors que nous glissons dans la neige profonde.

Parfois, quand nous allons contre le vent, quand nos traîneaux courent sur la terre gelée et nue, nous distinguons nettement le sifflement aigu d'Ignat, et les trilles de la sonnerie qui s'allient à la quinte tremblée ; cette musique égaie tout à coup la morne solitude, puis, redevenant uniforme, accompagne, avec une justesse insupportable, un motif, toujours le même, qui malgré moi chante dans ma tête.

Un de mes pieds commençait à se geler ;

lorsque je me tournais pour me couvrir mieux, la neige, tombée sur mon col et sur mon bonnet, me coulait dans le dos et me faisait frissonner ; mais en somme, dans ma chouba attiédie par ma propre chaleur, je ne souffrais point trop du froid, et je me laissais aller au sommeil.

VI

Images et souvenirs défilaient rapidement devant moi.

« Le conseilleur, qui crie toujours du second traîneau, quel moujik doit-ce être ?... Il doit être roux, fort, les jambes courtes, pensé-je, et semblable à Fédor Philippitch, notre vieux sommelier... »

Et je revois aussitôt l'escalier de notre grande maison, et cinq dvorovi qui, marchant péniblement, traînent un piano avec des serviettes. Je revois Fédor Philippitch qui, ayant retroussé les manches de son veston en nankin, porte une pédale, court en avant, ouvre les portes, pousse, tire par la serviette, se faufile entre les jambes, gêne tout le monde et, d'une voix affairée, ne cesse de crier :

— Tirez de votre côté, les premiers ! C'est bien cela, la queue en l'air... en l'air ; passe-la donc dans la porte, c'est cela !...

— Mais permettez, Fédor Philippitch... remarque timidement le jardinier, écrasé contre la rampe, tout rouge d'efforts, usant ses dernières forces à soutenir un coin du piano.

Mais Fédor Philippitch n'en continue pas moins son manège.

« Quoi ! me dis-je, se croit-il donc utile, indispensable à l'œuvre commmune, ou bien est-il tout simplement heureux que Dieu lui ait fait don d'une faconde hardie et tranchante qu'il a plaisir à étaler ? C'est probablement cela. »

Puis, je ne sais comment, un étang m'apparaît. Les dvorovi, fatigués, dans l'eau jusqu'aux genoux, tirent un filet. Fédor Philippitch est encore là : un arrosoir à la main, criant après chacun, il court sur le bord : parfois il s'approche pour saisir dans le filet les carassins ¹ d'or ou pour vider l'eau trouble et puiser de l'eau fraîche...

Mais voici qu'il est midi, au mois de juillet. Sur l'herbe qu'on vient de faucher dans le jardin, sous les rayons brûlants et droits du soleil, je vais sans but. Je suis encore très jeune ; il me manque quelque chose, et je désire quelque chose. Je me dirige du côté de l'étang, vers ma place favorite, entre le parterre bordé d'églantiers et l'allée de sapins, et je me couche...

Je me rappelle mes impressions, alors qu'é-

---

1. Nom vulgaire du poisson dit *cyprinus carassius*.

tendu là j'apercevais, à travers les tiges rouges et épineuses des églantiers, la terre sèche et noire, le miroir bleu tendre de l'étang. C'était un sentiment de satisfaction naïve mêlée de mélancolie. Autour de moi, tout était beau ; cette beauté agissait si vivement sur moi, qu'il me semblait que j'étais beau moi-même. Une seule chose me chagrinait, c'était que nul ne s'émerveillât de me voir ainsi.

Il fait chaud. J'essaie de m'endormir pour me soulager, mais les mouches, les insupportables mouches ne me laissent pas, même ici, une minute de répit. Elles accourent en foule, s'obstinent contre moi, et me sautent du front sur les mains avec un bruit de petits os. Les abeilles bourdonnent, pas loin de moi, juste au plus fort de la chaleur ; des papillons aux ailes jaunes, comme fanés, voltigent d'une herbe à l'autre.

Je regarde en haut : les yeux me font mal, le soleil brille trop ; à travers le feuillage clairsemé du bouleau frisé qui doucement balance dans l'air ses branches au-dessus de moi, le soleil paraît plus chaud encore. Je me couvre la figure d'un mouchoir. Le temps est lourd, les mouches semblent collées à ma main toute moite.

Dans la profondeur d'un églantier, deux moineaux ont remué. L'un deux saute par terre, à une archine de moi, fait semblant de piquer deux fois le sol avec force, puis s'envole, frôlant les branches, et poussant un joyeux cri. L'autre saute aussi sur la terre, remue sa petite queue, regarde autour de lui, et, prompt comme une flèche, rejoint en piaillant son compagnon.

Sur l'étang, retentissent des coups de battoir sur le linge humide, et ces coups vont s'épandant au ras de l'eau sur la surface de l'étang. On entend des rires et des voix et le clapotement des baigneurs. Un coup de vent secoue la cime des bouleaux, là bas, au loin; puis il se rapproche, il courbe l'herbe, et voilà que sur leurs branches remuent et tremblent les feuilles des églantiers.

Jusqu'à moi arrive le courant d'air frais, il soulève les coins de mon mouchoir, et chatouille délicieusement mon visage en sueur. Par l'ouverture du mouchoir soulevé s'insinue une mouche qui volète, effrayée, auprès de ma bouche humide. Des branches sèches me font mal au dos. Non, je ne puis plus rester ici. Il faut que j'aille me baigner.

Voilà que tout près de la haie j'entends des pas précipités et des cris de femmes épouvantées.

— Ah! mes petits pères! mais qu'est-ce donc? Et pas un homme!

— Qu'y a-t-il ? Qu'y a-t-il ? demandai-je, en quittant mon abri, à la femme dvorovi qui, toute sanglotante, passe en courant auprès de moi.

Pour toute réponse elle se retourne, agite ses mains, puis continue sa course. Retenant de la main son fichu qui tombait de sa tête, sautillant et traînant son pied chaussé d'un bas de coton, la vieille Matréna, une femme de cent cinq ans, court aussi vers l'étang. Et je vois encore courir deux petites filles qui se tiennent l'une l'autre, et derrière elles, accroché à leurs jupons, un gamin de dix ans, affublé du veston de son père.

— Qu'est-il arrivé? demandai-je.

— Un moujick s'est noyé.

— Où?

— Dans l'étang.

— Quel moujick? Un des nôtres?

— Non, un passant.

Le *coutcher* ¹ Ivan, traînant ses grandes bottes dans l'herbe fauchée, et l'épais gérant Iakov, soufflant péniblement, se hâtent vers l'étang. Moi je les suis.

Je me souviens qu'une voix intérieure me disait : « Voilà, jette-toi à l'eau, retire le mou- » jik, sauve-le, et tout le monde t'admirera. » Etre admiré, c'est tout ce que je désirais.

— Où donc ? Où ? demandé-je à la foule des dvorovi qui se sont rassemblés sur le bord.

— Là, au milieu, près de l'autre rive, presque à côté du bain, dit une blanchisseuse en entassant le linge humide sur sa palanche. Je le vois qui pique une tête; il se montre, et de nouveau s'enfonce ; il reparaît encore et tout à coup s'écrie : « Je me noie, mes frères ! » Puis

1. Cocher.

de nouveau il disparaît. On ne voyait que de petites bulles. Alors je m'aperçois qu'un moujik est en train de se noyer, et je me mets à crier : « Mes petits pères, un moujik se noie! »

Et la blanchisseuse, chargeant la palanche sur son épaule et se balançant sur ses hanches, prit le sentier qui s'éloignait de l'étang.

— Vois-tu quel péché ? disait, avec désespoir, Yakov Ivanov, le gérant ; je vais avoir maille à partir avec la justice du bailli. Ça n'en finira plus.

Un moujik tenant une faux se fraye un passage à travers la foule des babas, des enfants et des vieillards groupés sur l'autre rive. Il suspend sa faux à une branche et se déshabille lentement.

— Où, où donc s'est-il noyé ? insisté-je, désireux de me jeter à l'eau et d'accomplir quelque chose d'extraordinaire.

Mais on me montre la surface tout unie de l'étang que frôle, par moments, le vent qui passe. Je n'arrive pas à comprendre comment il s'est noyé. L'eau s'est refermée sur lui, aussi uniforme, aussi belle, aussi indifférente, et toute pailletée d'étincelles d'or par le soleil de midi. Et il me semble que je ne peux rien faire, que je n'étonnerai personne, d'autant plus que je nage mal et que le moujik retire déjà sa chemise pour se précipiter.

Tous le regardent avec un espoir mêlé d'angoisse; mais, à peine entré dans l'eau jusqu'aux épaules, le moujik s'en retourne lentement et remet sa chemise, il ne sait pas nager.

Les gens ne cessent d'accourir; la foule augmente de plus en plus, mais personne ne vient au secours du noyé. Les derniers arrivés prodiguent des conseils, poussent des ah! portent sur leur visage une expression d'effroi et de désespoir, tandis que les autres s'asseyent, fatigués de rester debout sur le bord, ou prennent le parti de s'en aller.

La vieille Matréna demande à sa fille si elle a bien fermé le poêle ; le gamin revêtu du veston de son père s'applique consciencieusement à jeter des pierres dans l'eau.

Mais voici qu'aboyant et se retournant avec étonnement derrière lui, accourt de la maison Trésorka, le chien de Fédor Philippitch. Son maître descend lui-même la colline, on l'entend crier, bientôt il apparaît derrière la haie d'églantiers.

— Que faites-vous donc? crie-t-il en ôtant sa veste sans cesser de courir. Un homme se noie, et ils restent plantés là ! Donne-moi une corde.

Tous regardent avec une expression d'espoir et d'effroi Fédor Philippitch, pendant qu'appuyé sur l'épaule d'un dvorovi il déchausse avec la pointe d'un pied le talon de l'autre.

— C'est là, à l'endroit où la foule est amassée ; là, un peu à droite du cytise, Fédor Philippitch ! Voilà, c'est là ! disait quelqu'un.

— Je le sais, répond-il, avec un froncement de sourcils occasionné sans doute par les gestes de pudeur effarouchée des babas.

Il ôte sa chemise, sa petite croix qu'il donne à l'apprenti jardinier debout devant lui dans une attitude de respect, puis, marchant vivement sur l'herbe fauchée, il s'approche de l'étang.

Trésorka, surpris de la vivacité des mouvements de son maître, s'arrête et, tout en mâchant quelques petites herbes de la rive, il l'interroge du regard : tout à coup il jappe joyeusement et s'élance dans l'eau avec lui.

Au premier moment, on ne voit rien que de l'écume et des gouttes d'eau qui rejaillissent jusqu'à nous. Mais bientôt Fédor Philippitch, envoyant les mains avec grâce, élevant et abaissant son dos en cadence, nage vers l'autre bord, rapidement, à grandes brassées, tandis que Trésorka, ayant bu un coup, s'en retourne à la hâte; il s'égoutte près de la foule et se roule dans l'herbe. Comme Fédor Philippitch approche de la rive opposée, deux coutchers apparaissent auprès du cytise avec un grand filet emmanché d'un bâton.

Le nageur lève, je ne sais pourquoi, ses mains en l'air, plonge une fois, deux fois, trois fois, rejetant de l'eau par la bouche après chaque plongeon et secouant élégamment ses cheveux sans répondre aux questions qu'on lui adresse de tous les côtés. Enfin il prend pied sur la rive et, autant que je puis le voir, donne des ordres pour dérouler le filet.

On retire le filet, mais on n'y trouve rien que de la vase et quelques petits carassins qui frétillent. Comme on jette de nouveau le filet, je fais le tour de l'autre côté.

On n'entend que la voix de Fédor Philippitch donnant ses ordres, le clapotement dans l'eau de la corde mouillée et des soupirs de terreur. Le filet ruisselant, noué à son aile droite, de plus en plus sort de l'eau, plus chargé d'herbes à mesure.

— Maintenant, tirez tous ensemble ! crie la voix de Fédor Philippitch.

Le filet apparaît tout humide.

— Il vient quelque chose de lourd, frères ! dit quelqu'un.

Déjà, mouillant et froissant le gazon, les mailles où frétillent des carassins se traînent sur le bord.

Et voici qu'à travers l'eau troublée et remuée, on distingue dans le filet quelque chose de blanc : faible, mais très distinct dans le grand silence de mort, un soupir de terreur s'élève de la foule.

— Tire... ensemble... sur le sec... tire! fait la voix résolue de Fédor Philippitch.

Et le noyé est tiré jusqu'auprès du cytise.

Puis je vois ma bonne vieille tante en robe de soie, avec une ombrelle lilas à franges qui, je ne sais pourquoi, jure terriblement avec ce simple tableau de mort ; elle est tout près de pleurer. Je me rappelle son expression de désenchantement en voyant que tout remède est inutile; je me rappelle la tristesse nuancée de malaise que j'éprouvai lorsque, avec le naïf égoïsme de la tendresse, elle me dit :

— Viens, mon ami. Oh! c'est affreux! Et toi qui te baignes et qui nages toujours seul !

Je me rappelle comment le soleil ardent et clair brûlait la terre sèche et poudroyante sous les pieds, comment il se jouait sur le miroir de l'étang. De grandes carpes se battaient près du bord ; au milieu, des bandes de petits poissons agitaient la surface de l'eau ; en haut, tout en haut dans le ciel, un milan tournoyait au-dessus de canards qui clapotaient et s'ébattaient dans les joncs. Des nuages blancs, des nuages échevelés d'orage se massaient à l'horizon ; la vase ramenée sur le bord par le filet s'écoulait goutte à goutte. Et de nouveau j'entends les coups de battoir qui s'égrènent au loin sur l'étang.

Mais ce battoir retentit comme retentiraient deux battoirs accordés dans une tierce, et ces sons me tourmentent, m'oppressent, d'autant plus que ce battoir est une cloche, et que Fédor Philippitch ne le fera pas taire. Et ce battoir, comme un instrument de torture, serre mon pied qui gèle...

Je m'endors.

Je fus réveillé, à ce qu'il me sembla, par la vitesse de notre course. Deux voix causaient tout près de moi.

— Entends-tu, Ignat! Eh! Ignat! disait la voix de mon yamchtchik, prends mon voyageur; tu dois, dans tous les cas, faire le voyage; moi, pourquoi fatiguer inutilement mes chevaux? Prends-le!

La voix d'Ignat répondit presque à mes côtés :

— Et quel intérêt ai-je à me charger de ton voyageur?... M'offres-tu un demi-*chtof*[1]?

— Oh! un demi-chtof!... Un verre, encore!

---

1. Un *chtof* est une mesure d'eau-de-vie qui vaut à peu près un litre et demi.

— Vois-tu ? Un verre ! crie un autre. Fatiguer des chevaux pour un verre !

J'ouvre les yeux ; toujours la même neige insupportable qui tourbillonne et danse devant les yeux, les mêmes yamchtchiks, les mêmes chevaux. Mais cette fois j'aperçois un traîneau à mes côtés. Mon yamchtchik a rejoint Ignat, et, pendant assez longtemps, nous marchons de front. Malgré la voix qui, de l'autre traîneau, conseille de ne pas prendre moins d'un demi-chtof, Ignat arrête tout à coup la troïka.

— Transborde, soit ! Tu as de la chance. Demain, à notre retour, tu m'offriras un verre. As-tu beaucoup de bagages ?

Mon yamchtchik, avec une vivacité qui n'était pas dans sa nature, saute sur la neige, me salue, et me prie de me transporter dans le traîneau d'Ignat. Moi j'y consens ; mais on voit que le petit moujik de Dieu est si content qu'il voudrait déverser sur quelqu'un l'excès de sa joie reconnaissante. Il salue et remercie Aliochka et Ignachka.

— Eh bien! grâce à Dieu, voilà qui est bien. Car autrement que serait-ce donc, Dieu! petit père? Nous marchons pendant tout une demi-nuit sans savoir nous-mêmes où nous allons. Lui il vous mènera au but, petit père barine, sans compter que mes chevaux ne peuvent pas aller plus loin.

Et il se mit à sortir mes bagages du traîneau avec une activité fiévreuse.

Pendant qu'on transbordait mes effets, moi, résistant au vent qui me soulevait presque, je m'accrochai au second traîneau. Ce traîneau, surtout du côté du vent, contre lequel les yamchtchiks s'abritaient de leurs caftans, était aux trois-quarts couvert de neige, tandis que derrière les caftans on se sentait plus à son aise.

Le petit vieillard était étendu, les jambes allongées, et le conteur poursuivait son récit :
« Dans ce même temps, lorsque le général, au
» nom du roi, c'est-à-dire, venait, c'est-à-
» dire, voir Marie dans sa prison, Marie lui dit :
» Général, je n'ai pas besoin de toi, et je ne
» puis pas t'aimer; et... c'est-à-dire, tu n'es
» pas un amoureux pour moi ; mon amoureux,
» c'est le prince. »

— Au même moment... allait-il continuer.

Mais, en m'apercevant, il se tut pour l'instant, et se mit à activer le fourneau de sa pipe.

— Quoi, barine! vous êtes venu écouter notre petit conte? dit celui que j'appelais le conseilleur.

— Mais il fait bon chez vous, dis-je.

— Que voulez-vous? on ne s'ennuie pas, on oublie ses pensées, au moins!

— Eh bien! savez-vous où nous sommes maintenant ?

Cette question semble déplaire aux yamchtchiks.

— Eh! qui le sait, où nous sommes? Peut-être sommes-nous chez les Kalmouks! répondit le conseiller.

— Et que ferons-nous alors? demandai-je.

— Et que faire ? Voilà, nous allons ; peut-être nous en sortirons-nous, fit-il d'un ton mécontent.

— Eh bien! si nous ne nous en sortons pas, et si les chevaux s'arrêtent en pleine tourmente, que faire alors?

— Et que faire? Rien.

— Mais nous gèlerons!

— Mais certainement! Car on ne voit même

pas de meules, maintenant. C'est que nous sommes tout à fait chez les Kalmouks. L'important, c'est de s'orienter d'après la neige.

— Et tu as peur de geler, barine? dit le petit vieux d'une voix qui tremblait.

Quoiqu'il eût tout l'air de me railler un peu, on voyait aisément qu'il était glacé jusqu'aux moelles.

— Oui, il fait rudement froid, dis-je.

— Eh! barine! fais comme moi. Cours un peu, et tu te réchaufferas.

— Cours derrière le traîneau, c'est l'essentiel, fit le conseilleur.

VII

— Venez, tout est prêt, me cria Aliochka du premier traîneau.

La tourmente était si forte, que c'est à peine si, en baissant tout à fait et en retenant de mes deux mains les pans de mon manteau, je pus, à travers la neige en mouvement que le vent soulevait de dessous mes pieds, faire les quelques pas qui me séparaient du traîneau. Mon ancien yamchtchik était déjà à genoux au milieu de son traîneau vide, mais, en m'apercevant, il ôta son grand bonnet; le vent agita furieusement ses cheveux; puis il me demanda un pourboire. Il n'espérait sans doute pas que je ne lui donnerais rien, car mon refus ne le chagrina pas du tout. Il ne m'en remercia pas moins, renfonça son bonnet sur sa tête, et me dit :

— Eh bien ! que Dieu vous aide, barine...

Puis il tira ses guides en sifflotant, et s'éloigna de nous.

Aussitôt après, Ignachka, lui aussi, fouettait à tour de bras et excitait ses chevaux. De nouveau le bruit du craquement des sabots, les cris, les sons de la clochette, couvrirent le hurlement du vent, qu'on entendait plus distinctement lorsque nous étions arrêtés.

Environ un quart d'heure après le transbordement, comme je ne dormais pas, je m'amusai à examiner la silhouette de mon nouvel yamchtchik et de ses chevaux. Ignachka était solidement campé; il touchait, menaçait du knout, criait, frappait du pied; puis, se penchant en avant, il arrangeait l'avaloire du korennaïa, qui tournait constamment à droite.

Ignachka était d'une taille moyenne, mais bien proportionnée, à ce qu'il me parut. Pardessus son touloupe, il portait un caftan sans ceinture, dont le col était presque rabattu, et son cou se voyait tout nu. Ses bottes n'étaient pas en feutre, mais en cuir. Il ne cessait d'ôter et de remettre son petit bonnet. Ses oreilles n'étaient abritées que par ses cheveux. Tous ses mouvements dénotaient non seulement de l'énergie, mais encore, et surtout, me semblait-il, la volonté d'en avoir. Pourtant, plus nous allions, plus il cherchait à se mettre à l'aise; il s'agitait sur son siège, frappait du pied, parlait tantôt à moi, tantôt à Aliochka, et je voyais bien qu'il craignait de perdre son assurance.

Il y avait de quoi : bien que les chevaux fussent vigoureux, la route à chaque pas devenait de plus en plus pénible ; et on pouvait remarquer qu'ils couraient avec moins d'entrain. Il fallait déjà user du fouet, et le korennaïa, un fort et grand cheval, à la crinière dure, avait déjà butté deux fois : aussitôt, comme effrayé, il avait tiré en avant en relevant sa tête échevelée presqu'au niveau de la clochette. Le pristiajnaïa de droite, que j'observais involontairement, tout en balançant la longue houppe en cuir de son avaloire, ne tendait plus les traits, il réclamait le knout ; mais comme un bon, comme un ardent cheval qu'il était, il semblait se dépiter de sa faiblesse : il baissait et relevait la tête avec colère, comme pour demander le stimulant de la bride.

De fait, l'intensité de la gelée et la violence de la tourmente vont s'accroissant terriblement. Les chevaux mollissent, la route se fait plus rude; nous ignorons absolument où nous sommes, où nous allons, et si nous arriverons, non plus même au relais, mais dans n'importe quel abri. Quelle cruelle ironie d'ouïr la clochette tinter si allégrement, et Ignachka crier avec tant d'assurance et de désinvolture, comme si nous étions à nous promener par une belle et froide journée de soleil, pendant la fête, à travers les rues de quelque village ! Et qu'il est étrange de penser que nous allions sans savoir où d'une pareille vitesse !

Ignachka se met à chanter d'une voix suraiguë de fausset, mais si sonore, avec des pauses pendant lesquelles il sifflote, qu'on aurait honte d'avoir peur en l'écoutant.

— Hé-hey ! Qu'as-tu donc à hurler, Ignat ? fit la voix du conseiller. Arrête pour un moment.

— Qu'y a-t-il?

— Arrê-ê-ête!

Ignat s'arrêta. Tout redevint silencieux ; le vent se remit à gronder et à siffler, et la neige, en tournoyant, tomba plus dru dans le traîneau. Le conseilleur s'approcha de nous.

— Eh bien! qu'y a-t-il?

— Mais comment, qu'y a-t-il? Où aller?

— Qui le sait ?

— As-tu donc les pieds gelés, que tu les remues?

— Ils sont tout à fait engourdis.

— Tu devrais te mettre en quête. Vois-tu ce feu là-bas ? Ce doit être un campement de Kalmouks. Tu aurais bientôt fait de te chauffer les pieds.

— C'est bien. Tiens donc un peu mes chevaux...

Et Ignat se mit à courir dans la direction désignée.

— Il faut regarder, chercher, et l'on trouve. Car autrement pourquoi aller à l'aveuglette ? me disait le conseilleur. Vois-tu comme il a échauffé les chevaux.

Pendant tout le temps que dura l'absence d'Ignat, — et ce temps fut si long qu'un moment je le crus égaré, — le conseilleur m'apprenait avec assurance, et d'un ton calme, comment il faut agir pendant une tourmente, que le mieux serait de dételer le cheval, et de le laisser aller, et que, par Dieu, il mènerait droit au but. Ou bien il me racontait comment on peut aussi s'orienter d'après les étoiles, et comment, si c'était lui qui se fût trouvé en tête, nous serions arrivés depuis longtemps.

— Eh bien! qu'y a-t-il? demanda-t-il à Ignat qui arrivait, fendant péniblement la neige dans laquelle il enfonçait presque jusqu'aux genoux.

— Il y a bien un campement, répondit Ignat essoufflé. Mais quel est-il ? Il est probable, frères, que nous nous sommes égarés du côté de la propriété Prolgovskaïa. Il faut prendre à gauche.

— Que chante-t-il là ?... Ce sont nos campements situés derrière le relais, répondit le conseilleur.

— Mais je te dis que non !

— J'ai fort bien vu et je sais ce que je dis ; c'est bien comme je dis. Et si ce n'est pas cela, alors ce doit être la propriété Tamichevsko. Il faut donc prendre à droite, et nous tomberons juste sur le grand pont, après la huitième verste.

— Mais on te dit que non ! Je l'ai bien vu, répondit Ignat avec humeur.

— Eh! frère!... Et tu es encore un yamchthhik!

— Oui, un yamchtchik!... Cherche donc toi-même!

— Mais qu'ai-je besoin de chercher? Je le sais bien sans cela.

Ignat, visiblement, se fâchait. Sans répondre, il sauta sur son siège, et toucha.

— Vois-tu mes pieds, comme ils sont engourdis! Impossible de les réchauffer, dit-il à Aliochka en continuant de plus belle à frapper des pieds, et à enlever la neige qui s'était glissée dans ses bottes.

J'avais une terrible envie de dormir.

VIII

« Gèlerai-je? » pensai-je dans mon assoupissement. « On dit que, lorsqu'on gèle, cela
» commence toujours par le sommeil. Il vau-
» drait mieux me noyer que de geler, et qu'on
» me retire à l'aide d'un filet. Mais d'ailleurs
» cela m'est égal : se noyer, se geler, pourvu que
» ce bâton ne me tracasse plus le dos, et que
» je puisse enfin dormir ! »

Je m'assoupis un moment.

« Comment finira tout cela? » dis-je tout à coup en moi-même, en ouvrant pour un instant les yeux sur l'espace tout blanc. « Comment donc cela finira-t-il, si nous ne trouvons pas de meules et si les chevaux s'arrêtent, ce qui ne va pas tarder, semble-t-il? Nous gèlerons tous. »

Je vous avoue que, malgré un peu de peur, le désir de voir se produire quelque chose d'extraordinaire et d'un peu tragique était en moi plus intense que cette peur. Il me semblait que ce ne serait pas mal si, vers le matin, les chevaux nous avaient d'eux-mêmes entraînés dans quelque village inconnu et lointain, à demi-gelés, ou même quelques-uns de nous tout à fait gelés. Et, dans ce sens, mes rêves, avec une clarté, une rapidité étranges, défilaient devant moi.

Les chevaux s'arrêtent. La neige nous envahit de plus en plus, et voilà qu'on ne voit plus de notre attelage que la douga et les oreilles des chevaux. Mais tout à coup Ignachka surgit de la neige avec sa troïka, et passe auprès de nous. Nous le supplions, nous lui crions de nous prendre avec lui, mais le vent emporte la voix. Ignachka sourit, gourmande ses chevaux, sifflote, et disparaît dans un gouffre profond couvert de neige. Le petit vieux saute sur un cheval, fait aller ses coudes, veut galoper mais ne peut pas bouger de place. Mon ancien yamchtchik au grand bonnet se jette sur lui, l'arrache de cheval et l'enfouit sous la neige.

— Tu es un sorcier! crie-t-il, un insulteur. C'est toi qui nous perdrais.

Mais le petit vieux crève de sa tête la neige amoncelée. C'est moins un petit vieux qu'un lièvre : il s'éloigne de nous. Tous les chiens sont à ses trousses. Le conseilleur, qui est Fédor Philippitch, ordonne qu'on se mette en rond, sans souci que la neige nous recouvre, car nous aurons chaud. En effet, nous avons chaud et nous nous trouvons bien. On a soif seulement. Je prends mon nécessaire, je distribue à tout le monde du rhum et du sucre, et je bois moi-même avec grand plaisir. Le conteur dit une histoire d'arc-en-ciel sous notre plafond de neige.

— Et maintenant faisons-nous chacun une chambre dans la neige et dormons! dis-je.

La neige est molle et chaude comme de la fourrure. Je me fais une chambre et je veux y pénétrer ; mais Fédor Philippitch, qui a vu de l'argent dans mon nécessaire, me dit : « Arrête! Donne l'argent! Il faut mourir en tous cas. » Et il me saisit par le pied. Je donne l'argent, et demande seulement qu'on me laisse tranquille. Mais eux ne croient pas que ce soit là tout mon argent : ils veulent me tuer. Je saisis la main du petit vieux et, avec une volupté indéfinissable, je me mets à la baiser. La main du petit vieux est tendre et sucrée ; il la retire d'abord, puis finit par me l'abandonner, et il me caresse même de la main libre.

Cependant Fédor Philippitch s'approche et me menace.

Je cours dans ma chambre, mais ce n'est plus une chambre, c'est un long et blanc corridor ; quelqu'un me retient par les jambes. Je m'arrache à cette étreinte. Dans les mains de celui qui me tenait sont restés mes habits et une partie de ma peau : mais je ne sens que du froid et de la honte, d'autant plus de honte que ma tante, avec son ombrelle et sa petite pharmacie homéopathique, vient à ma rencontre au bras du noyé. Ils rient, et ne comprennent pas les signes que je leur fais. Je m'élance dans la troïka, mes pieds traînent sur la neige ; mais le petit vieux me poursuit en faisant aller ses coudes. Il est déjà tout près, lorsque j'entends devant moi tinter deux cloches, et je sais que je serai sauvé si j'arrive jusque-là. Les cloches tintent de plus en plus distinctement, mais le petit vieux m'atteint, et de toute sa masse s'abat sur mon visage, de sorte que les cloches s'entendent à peine Je saisis de nouveau sa main pour la baiser ; mais le petit vieux n'est plus le petit vieux, c'est le noyé... Et il crie : « Ignachka, arrête, voilà les meules d'Akhmedka, me semble-t-il ; va donc voir ! » Cela devient trop effrayant : non, il vaut mieux que je me réveille...

J'ouvre les yeux. Le vent a rejeté sur mon visage un pan du manteau d'Aliochka. Mon genou est découvert. Nous glissons sur la terre, sans neige à cet endroit, et la tierce de la sonnette résonne clairement dans l'air, mariée à la quinte tremblée.

Je cherche du regard les meules ; mais au

lieu de meules, je vois, de mes yeux ouverts, une maison avec un balcon et le mur crénelé d'un fort. Cela ne m'intéresse guère d'examiner attentivement cette maison et ce fort : ce que je désire surtout, c'est d'apercevoir le corridor blanc, où je courais, c'est d'entendre le tintement de la cloche d'église, et de baiser la main du petit vieux. Je referme les yeux et me rendors.

IX

Je dormais profondément. Mais la tierce de la clochette sonnait sans répit, et je la voyais dans mon rêve sous la forme tantôt d'un chien qui se jetait sur moi, tantôt d'un orgue dont j'étais moi-même un des tuyaux, tantôt d'un vers français que j'etais en train de composer. Parfois, il me semble que cette tierce est une sorte d'instrument de torture qui ne cesse de me serrer le talon droit : la douleur est si forte, que je me réveille et que j'ouvre les yeux en me frottant le pied. Il commençait à se geler.

La nuit était toujours lumineuse, trouble

et blanche. La même course nous emportait ; le même Ignachka était assis de côté, et frappait du pied ; le même pristiajnaïa, allongeant son cou et relevant à peine ses jambes, trottait dans la neige profonde, et balançait à chaque saut la houppe de son avaloire.

— La tête du korennaïa, avec la crinière au vent, faisant tour à tour se tendre et fléchir les guides enfilées à la douga, se balançait en mesure. Mais tout cela, plus qu'avant, était couvert de neige. La neige tournoyait devant nous, s'amoncelait par côté sur les patins, montait jusqu'aux genoux des chevaux, et, par en haut, blanchissait les épaules et les bonnets.

Le vent soufflait tantôt du côté droit, tantôt du côté gauche, jouant avec les cols, le pan du caftan d'Ignachka, la crinière du pristiajnaïa, hurlant sur la douga et entre les brancards.

Le froid sévissait de plus en plus. A peine

exposais-je un peu mon visage à l'air, que la neige sèche et gelée et tourbillonnante m'entrait dans les cils, dans le nez, la bouche, et s'insinuait dans mon dos. Je regarde autour de moi : tout est blanc, clair et neigeux. Rien qu'une lumière trouble et rien que la neige. Je me sens sérieusement effrayé.

Aliochka dormait à nos pieds dans le fond du traîneau. Tout son dos disparaissait sous une épaisse couche de neige. Ignachka, lui, ne se désolait guère ; il tirait constamment sur les guides, stimulait les chevaux et frappait des pieds. La clochette rendait toujours son même son étrange; les chevaux anhelaient, mais ils continuaient à courir, multipliant les faux pas et ralentissant leur allure.

Ignachka sursauta de nouveau, fit un geste de sa main gantée d'une moufle et se mit à chanter de sa voix suraiguë et forcée. Sans terminer sa chanson, il arrêta la troïka, rejeta les guides sur son siège, et descendit. Le vent hurlait de plus belle, la neige tombait, plus furieuse, sur les choubas. Je me retournai; la troisième troïka n'était plus derrière nous: « Elle se sera attardée en route, » pensai-je. Auprès du second traîneau, à travers le brouillard neigeux, on voyait le petit vieux qui battait des semelles.

Ignachka fit trois pas, s'assit sur la neige, se déceintura, et ôta ses boîtes.

— Que fais-tu là ? demandai-je.

— Je me déchausse un moment, car j'ai les pieds tout gelés, me répondit-il.

Et il continua son manège.

Je me sentais glacé lorsque je sortais mon cou de ma chouba pour voir ce qu'il faisait. Je me tenais droit, les yeux fixés sur le pristiajnaïa, lequel, en écartant une jambe, agitait, avec une lassitude maladive, sa queue nouée et neigeuse. La secousse qu'imprima Ignahka au traîneau en remontant sur son siège acheva de me réveiller.

Où sommes-nous maintenant ? demandai-je. Arriverons-nous avant le jour, au moins ?

— Soyez tranquille, nous vous mènerons au but, maintenant que mes pieds se sont bien réchauffés.

Il toucha. La cloche retentit, le traîneau reprit sa marche cadencée, et le vent siffla sous les patins. De nouveau, nous voguions sur cette mer infinie de clarté.

X

Je m'endormis encore. Lorsque Aliochka, en me heurtant de son pied, me réveilla, et que j'ouvris les yeux, il faisait jour déjà. On eût dit que le froid était encore plus vif que pendant la nuit. La neige avait cessé de tomber, mais un vent violent et sec continuait à soulever la poussière blanche dans la plaine, et surtout sous les sabots des chevaux et les patins des troïkas.

Du côté de l'Orient, étincela le ciel bleu foncé, sur lequel ressortaient, de plus en plus apparentes, des bandes obliques d'un beau ton orangé. Au-dessus de nos têtes, à travers de blancs nuages errants, transparaissait l'azur d'un bleu tendre. A gauche, des nues flottaient, lumineuses et légères. Aussi loin que le regard pouvait s'étendre, on ne voyait que la neige accumulée au loin par couches profondes. Nul vestige d'hommes, ni de traîneaux, ni de fauves. Les contours et les couleurs du yamchtchik et des chevaux se dessinaient avec netteté, profilant sur le fond éblouissant leurs silhouettes précises.

Le bord du bonnet bleu marin d'Ignachka, son col, ses cheveux et jusqu'à ses bottes, tout était blanc; le traîneau était entièrement envahi. La neige recouvrait la partie droite de la tête et du garrot du korennaïa gris, montait jusqu'aux genoux du pristiajnaïa, et plaquait par endroits sa croupe en sueur, aux poils frisés. La petite houppe se balançait, battant la mesure de tous les airs qui me venaient en tête, au gré des mouvements du cheval. On ne devinait sa fatigue qu'à ses oreilles tombantes, à son ventre tour à tour contracté et soulevé. Un seul objet arrêtait l'attention : c'était la borne de verste, au pied de laquelle le vent amoncelait sans cesse la neige tourbillonnante et éparpillée.

J'étais émerveillé de voir les mêmes chevaux courir toute une nuit, pendant douze heures, sans savoir où, sans s'arrêter, et arriver cependant au but.

Notre clochette semblait tinter plus joyeusement. Ignat s'était essoufflé à force de crier; par derrière, on entendait haleter les chevaux et sonner les sonnettes de la troïka où se trouvaient le petit vieux et le conseilleur; mais celle du yamchtchik endormi avait complètement disparu.

Après une demi-verste de route, nous remarquons les traces toutes fraîches d'un traîneau avec son attelage; et, çà et là, des gouttes de sang d'un cheval blessé.

— C'est Philippe, vois-tu ? il nous a dépassés ! dit Ignachka.

Voilà que surgit, au bord du chemin, presque enfouie sous la neige, une maisonnette avec une enseigne. Près du cabaret, se tenait une troïka de chevaux gris, frisés par la sueur, jambes écartées et têtes basses. Devant la porte, un passage avait été frayé, et la pioche était encore là, toute droite. Mais le vent balayait toujours le toit et faisait danser la neige.

Sur le seuil, au bruit de nos clochettes, apparut un grand yamchtchik rouge et roux, un verre de vin à la main, et criant quelque chose.

Ignachka se retourna vers moi et me demanda la permission de faire halte. Alors seulement j'aperçus son visage pour la première fois.

XI

Ce visage n'était point sec, basané, pourvu d'un nez droit, comme je m'y attendais d'après ses cheveux et sa carrure : c'était un museau rond, jovial, avec un nez épaté, une grande bouche et des yeux bleu clair. Ses joues et son cou étaient rouges comme si on venait de les frictionner avec un morceau de drap. Ses sourcils, ses longs cils et le duvet qui couvrait le bas de son visage étaient tout à fait blancs de neige.

Une demi-verste seulement nous séparait du relais. Nous nous arrêtâmes.

— Va, mais reviens vite, lui dis-je.

— Dans un instant, répondit Ignachka qui sauta de son siège et s'avança vers Philippe.

— Donne, frère, dit-il, en ôtant la moufle de sa main droite, et en la jetant avec le knout sur la neige.

Puis, rejetant sa tête en arrière, il but d'un seul trait le petit verre de vodka qu'on lui tendait.

Le cabaretier, sans doute un Cosaque en retraite, avec un demi-chtof dans sa main, sortit de la maisonnette.

— Qui en veut? fit-il.

Le grand Wassili, un moujik maigre et blondasse, avec une barbiche de bouc, et le conseilleur ventripotent, une épaisse barbe filasse formant collier autour de son visage, s'approchèrent, et vidèrent chacun un petit verre. Le petit vieux se joignit au groupe de buveurs, mais personne ne lui offrit rien, et il retourna vers ses chevaux attachés derrière le traîneau, il se mit à leur caresser le dos et la croupe.

Le petit vieux était bien comme je l'avais imaginé : petit, maigriot, le visage ridé et bleui, la barbiche rare, un petit nez pointu, et des dents jaunes et usées. Son bonnet était tout neuf, mais son touloupe était défraîchi, sali par le goudron, et déchiré aux épaules et sur le devant; il s'arrêtait au-dessus des genoux; ses culottes étaient serrées dans les bottes. Lui-même il était courbé et ratatiné, et, tout en tremblant de sa tête et de ses genoux, il faisait je ne sais quoi auprès de son traîneau; visiblement il essayait de se réchauffer.

— Eh bien ! Mitritch ! Prends donc un peu de vodka; cela te réchaufferait bien, lui cria le conseilleur.

Mitritch tressaillit; il rajusta l'avaloire du cheval, la douga, et vint à moi.

— Eh bien ! barine, dit-il en ôtant son bonnet de dessus ses cheveux gris et en me saluant humblement, nous avons erré toute la nuit avec vous, à chercher la route. Ne me payerez-vous pas au moins un petit verre ? Vraiment, petit père, Votre Excellence ! Car autrement, impossible de me réchauffer, ajouta-t-il avec un sourire obséquieux.

Je lui donnai vingt-cinq kopeks. Le cabaretier apporta un verre et servit le petit vieux, qui, s'étant débarrassé de sa moufle et de son knout, tendit vers le verre sa petite main hâlée, ridée et un peu bleuie. Mais son gros doigt, comme étranger, ne lui obéissait pas ; il ne pouvait pas retenir son verre ; il le renversa et le laissa tomber par terre.

Tous les yamchtchiks éclatèrent de rire.

— Vois-tu Mitritch, comme il est gelé ? Il ne peut plus tenir entre ses mains de la vodka.

Mais Mitritch était très chagriné d'avoir renversé son verre.

On lui en remplit cependant un autre, qu'on lui versa dans la bouche. Aussitôt il devint joyeux, courut au cabaret, alluma sa pipe, montra ses dents usées et jaunes ; il jurait à chaque mot. Après avoir vidé le dernier verre, les moujiks regagnèrent leurs troïkas, et nous repartîmes.

La neige étincelait, de plus en plus blanche, et son éclat blessait les yeux. Les bandes d'un pourpre orangé s'élevaient toujours davantage, et s'étendaient, plus lumineuses, dans l'azur profond. Même l'orbe rouge du soleil apparut à l'horizon au travers des nuages gris.

Sur la route, auprès du relais, les traces de roues apparurent nettes, jaunâtres, avec des ornières. On se sentait léger et frais dans cet air dense et glacé.

Ma troïka volait ; la tête du korennaïa et son cou, dont la crinière s'éparpillait sur la douga, se balançaient d'un mouvement court et rapide au-dessous de la clochette, dont le battant ne battait plus, mais rasait les parois. Les bons pristiajnaïas, tendant tous deux les traits gelés, galopaient énergiquement ; la houppe les frôlait jusqu'au ventre. Parfois l'un d'eux buttait dans une ornière, et ses efforts pour en sortir me faisaient aller de la neige dans les yeux. Ignachka ténorisait allégrement. La gelée sèche craquait sous les patins. Derrière nous, comme à la fête, tintaient les deux clochettes, et l'on entendait les cris des yamchtchiks ivres.

Je me retournai. Les pristiajnaïas gris et frisés, allongeant le cou, retenant leur souffle, et la bride en désordre, trottaient sur la neige. Philippe, faisait claquer son knout et arrangeait son bonnet. Le petit vieux, les pieds en l'air comme avant, était étendu au milieu du traîneau.

Deux minutes après, les troïkas firent craquer le plancher devant la maison du relais, et Ignachka, tournant vers moi son visage hérissé de glaçons et soufflant le froid, me dit tout content :

— Nous vous avons mené, tout de même, barine !

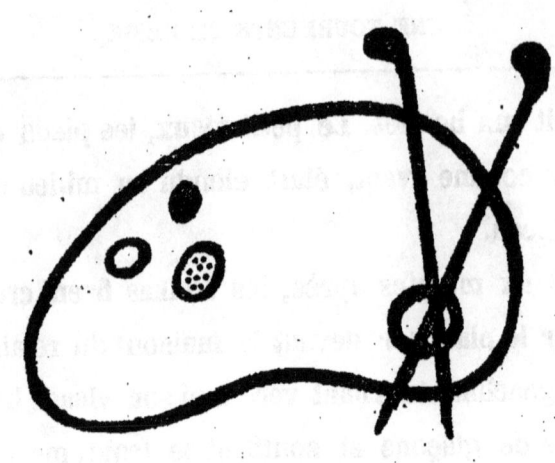

Original en couleur
NF Z 43-120-8

www.ingramcontent.com/pod-product-compliance
Lightning Source LLC
Chambersburg PA
CBHW050633170426
43200CB00008B/1000